Eddy Bruno Esien

Können „Remittances" aufgrund von Migration zur Maximierung der positiven Einflüsse in Herkunfts- und Aufnahmegesellschaft beitragen?

Mit Fokus auf
den Hilfsverein Baileke (HIBA) in Linz

Bachelor + Master
Publishing

Esien, Eddy Bruno: Können „Remittances" aufgrund von Migration zur Maximierung der positiven Einflüsse in Herkunfts- und Aufnahmegesellschaft beitragen? Mit Fokus auf den Hilfsverein Baileke (HIBA) in Linz, Hamburg, Diplomica Verlag GmbH 2013
Originaltitel der Abschlussarbeit: Können „Remittances" aufgrund von Migration zur Maximierung der positiven Einflüsse in Herkunfts- und Aufnahmegesellschaft beitragen? Mit Fokus auf den Hilfsverein Baileke (HIBA) in Linz

ISBN: 978-3-95549-007-2
Druck: Bachelor + Master Publishing, ein Imprint der Diplomica® Verlag GmbH, Hamburg, 2013
Zugl. Johannes Kepler Universität Linz, Linz, Österreich, Bachelorarbeit, August 2012

Bibliografische Information der Deutschen Nationalbibliothek:
Die Deutsche Nationalbibliothek verzeichnet diese Publikation in der Deutschen Nationalbibliografie; detaillierte bibliografische Daten sind im Internet über http://dnb.d-nb.de abrufbar.

Die digitale Ausgabe (eBook-Ausgabe) dieses Titels trägt die ISBN 978-3-95549-507-7 und kann über den Handel oder den Verlag bezogen werden.

Dieses Werk ist urheberrechtlich geschützt. Die dadurch begründeten Rechte, insbesondere die der Übersetzung, des Nachdrucks, des Vortrags, der Entnahme von Abbildungen und Tabellen, der Funksendung, der Mikroverfilmung oder der Vervielfältigung auf anderen Wegen und der Speicherung in Datenverarbeitungsanlagen, bleiben, auch bei nur auszugsweiser Verwertung, vorbehalten. Eine Vervielfältigung dieses Werkes oder von Teilen dieses Werkes ist auch im Einzelfall nur in den Grenzen der gesetzlichen Bestimmungen des Urheberrechtsgesetzes der Bundesrepublik Deutschland in der jeweils geltenden Fassung zulässig. Sie ist grundsätzlich vergütungspflichtig. Zuwiderhandlungen unterliegen den Strafbestimmungen des Urheberrechtes.

Die Wiedergabe von Gebrauchsnamen, Handelsnamen, Warenbezeichnungen usw. in diesem Werk berechtigt auch ohne besondere Kennzeichnung nicht zu der Annahme, dass solche Namen im Sinne der Warenzeichen- und Markenschutz-Gesetzgebung als frei zu betrachten wären und daher von jedermann benutzt werden dürften.

Die Informationen in diesem Werk wurden mit Sorgfalt erarbeitet. Dennoch können Fehler nicht vollständig ausgeschlossen werden, und die Diplomarbeiten Agentur, die Autoren oder Übersetzer übernehmen keine juristische Verantwortung oder irgendeine Haftung für evtl. verbliebene fehlerhafte Angaben und deren Folgen.

© Bachelor + Master Publishing, ein Imprint der Diplomica® Verlag GmbH
http://www.diplom.de, Hamburg 2013
Printed in Germany

Abstrakt

deutscher Fassung

Die vorliegende Arbeit setzt sich mit der Thematik migrantischer Geldrücküberweisungen von der Aufnahmegesellschaft der MigrantInnen in die Herkunftsgesellschaft auseinander und beleuchtet unter anderem anhand von Zahlen der Weltbank internationale migrantische Geldflüsse, frägt nach Motiven von MigrantInnen für die Tätigung der Überweisungen und untersucht Auswirkungen der Geldtransfers in wirtschaftlicher als auch in kultureller Hinsicht sowohl für die Aufnahme- als auch für die Herkunftsgesellschaft.

englischer Fassung

The present (available) work argues with the topic of migrant monetary return (remittances) from the admission society of the migrants in the origin society. The flows could be observed with the admission of figures from the World Bank international migrant's monetary transactions Board. Some motives of migrants transfers were examines (investigate) and effects (consequenes) to remit prior to economic as well as cultural aspects with regard to Migrant admission society as well as origin society were taken into consideration.

Danksagung

Ich möchte diese Chance nützen, um meine Gefühle über Migration - Remittances und Entwicklungszusammenarbeit zu äußern und allen Menschen in meinem Leben danken, die mich durch mein Leben sowie durch die gesamte Studienzeit begleitetet haben.

Als erstes richtet sich mein Dank an meine Familie in Kamerun insbesondere an meine Mutter Madam Mary Tchakounteh, die mir ihre Liebe, Geborgenheit und Verständnis für mein Leben entgegengebracht hat. Weiters möchte ich alle meine Freunde in Österreich besonders die in Linz nicht vergessen. Alle namentlich zu erwähnen, dafür würde der Platz nicht reichen. Vielen Dank für eure Unterstützung und die Zeit, die ihr auf unterschiedliche Art und Weise zu meiner Unterstützung investiert habt. Das hat mir sehr viel Kraft gegeben, mein Studium weiter zu verfolgen und dies mit dem vorliegenden Werk abzuschließen.

Außerdem bedanke ich mich bei allen meinen ProfessorInnen, die mich während meines Studiums begleitet haben. Es war machmal nicht so einfach für mich, aber sie haben mir die Kraft gegeben, die mir während das Soziologie-Studiums und bei meiner Abschlussarbeit geholfen hat. Ich richte meinen Dank an alle Fakultäten an der Johannes Kepler Universität Linz insbesondere an die Sozialwissenschaftliche Fakultät und die Abteilung Soziologie. Hierbei bedanke ich mich insbesondere bei Ass.in Prof.in Petra Aigner für ihre Begleitung und Unterstützung bei meinem Werk und die wunderschöne Zeit während des Faches Migrationssoziologie.

Ebenso bedanke mich bei allen Mitgliedern, SponsorInnen, SpenderInnen sowie PartnerInnen des Hilfsvereins Baileke den ich 2011 gegründet habe. Ich konnte dadurch mein Forschungsthema Migration, Remittances und Entwicklungszusammenarbeit in die Praxis umsetzen. Letztendlich möchte mich bei allen meinen Jugendlichen, die ich betreut habe, für die schöne Zeit und für deren Kräfte bedanken. Insbesondere sind das die Jugendlichen von Ebelsberg, Auwiesen und Wels. Ich habe durch Euch meine Studien immer in die Praxis umsetzen können. Zum Schluss bedanke mich bei allen Beteiligten in meinem Leben, die ich nicht gennant habe. Diejenigen wissen es schon. Danke.

Inhaltsverzeichnis

1. Einleitung 1
2. Begriffserklärungen 4
   2.1. Migration 4
      2.1.1. Typologie der Räumlichkeit 5
      2.1.2. Typologie der Dauer 6
      2.1.3. Typologie der Freiwilligkeit 6
      2.1.4. Typologie des Umfangs 6
   2.2. „Remittances" = Geldüberweisungen 7
3. Zur Theorie 10
   3.1. Der Ansatz von H.-J. Hoffmann-Nowotny 10
   3.2. „Brain-Drain" und „Brain-Gain" 12
4. Rücküberweisungen von MigrantInnen 16
   4.1. Quellen und Daten 16
   4.2. Trends in den Entwicklungsländern 17
   4.3. Wechselbeziehungen 21
   4.4. Einflüsse auf Geldüberweisungen 22
      4.4.1. Altruismus als Handlungsmotiv 23
      4.4.2. Eigeninteresse als Handlungsmotiv 24
      4.4.3. Abkommen innerhalb der Familien 24
      4.4.4. Geldüberweisungen als Zukunftsvorsorge 25
5. Praxis der Remittances 27
   5.1. Die häufigsten Transferkanäle 27
   5.2. Weitere Arten von Transferkanälen 27
   5.3. Western Union und Moneygram 28
   5.4. Nutzen der Geldtransfers für die Aufnahmegesellschaft? 29

6.	**Auswirkungen und nachhaltige Entwicklungen**	**30**
6.1.	Wirtschaftliche Aspekte	30
6.1.1.	Einkommensverteilung	30
6.1.2.	Wirtschaftswachstum	31
6.1.3.	Stabilisierung der Zahlungsbilanzen	31
6.1.4.	Wirtschaftlicher Impact auf die Aufnahmegesellschaft	32
6.1.5.	(effektiverer) Ersatz für staatliche Entwicklungshilfe?	32
6.2.	Transnationale und transkulturelle Aspekte	33
6.3.	Ausblick	34
7.	**Die Diaspora**	**35**
7.1.	Rolle und Funktion der Diaspora	35
7.2.	Der Diaspora-Verein „Hilfsverein Baileke (HIBA)"	36
7.2.1.	Gründung und Ziele	36
7.2.2.	Das Schulprojekt in Bai Bikom	38
7.2.2.1	Projektvorhaben	38
7.2.2.2	Zielsetzung des Hilfsvereins „Baileke"	40
7.2.2.3	Interkultureller Austausch	40
7.2.2.4	Praktikum in Bai Bikom	41
7.2.2.5	Projektplanung	41
8.	**Schlussfolgerung / Fazit**	**43**
9.	**Literaturverzeichnis**	**46**
Anhang		**49**
Internetquellen		49
Tabellenübersicht		50
Abbildungsübersicht		50
Abkürzungsverzeichnis		51

„Menschen sind eine migrierende Spezis"(Massey u.a. 1998:1)

„ Remittances (…) to developing countries are three times the size of official development assistance and (…) are expected (…) to exceed $593 billion by 2014, of which $441 billion will flow to developing countries (…)" (Vgl . Worldbank: 2012)

1. Einleitung

Migration beziehungsweise Wanderung war und ist ein globales Phänomen. Einzelne Menschen, Gruppen von Menschen oder ganze Stämme (Völkerwanderung) haben zu allen Zeiten – jahrtausendelang zu Fuß – ihre Herkunftsregionen verlassen und sich in anderen Gebieten niedergelassen. Seit Menschen auf diesem Planeten leben, zeigen sie Tendenzen zu Wanderbewegungen aus den unterschiedlichsten Gründen: Beispiele: Chinesische Familien wandern ins kanadische Vancouver aus, ägyptische Intellektuelle suchen Arbeit in Frankreich, US-Amerikaner afrikanischer Herkunft suchen Arbeit in Südafrika, deutsche Männer suchen in Thailand oder auf den Philippinen nach einer Ehefrau, Mosambikaner kehrten nach Ende des Bürgerkriegs in ihr Land zurück, Kameruner fliegen nach Österreich, um weiter zu studieren und so weiter (Vgl. Treibel 2011: 11). Laut Weltbank lebten im Jahr 2010 mehr als 215,8 Millionen MigrantInnen weltweit und belegen damit circa 3,2% der Weltbevölkerung (Vgl. Dalip/Ratha et al 2011). Allein 73 Millionen MigrantInnen aus Entwicklungsländern leben in Industrieländern (Tabelle 1).

Tabelle 1: International Migrants, 2010

Origin	Destination	
	Developed Countries	Developing Countries
Developed Countries	55 million	13 million
Developing Countries	73 million	74 million
Total	128 million	87 million

(Vgl. UN Population Division, International Migration Report (New York: UN Population Division, 2010, PRB. 2008).

"About 60 percent of the world's migrants live in developed countries, making migrants 10 percent of developed country residents. The countries with the most migrants are the United States, with 43 million migrants in 2010; Russia (12 million); Germany (11 million); and Saudi Arabia, Canada, and France (about 7 million each). These six countries included 87 million migrants, or 40 percent of the total" (Vgl. Martin/Zuecher 2008).

Es besteht kein Zweifel, dass im Zuge der Industrialisierung, Technisierung und Verstädterung in immer größeren Teilen der Welt die Wanderungen quantitativ und qualitativ betrachtet, eine neue Dimension erhalten haben (Vgl. Treibel 2011: 11). Viele unterschiedliche Gründe und Ursachen liegen vor, warum die Menschen wandern und sich in anderen Teilen der Welt niederlassen und dort entweder temporär oder langfristig leben. Diese Form der Wanderung oder Migration, wie der anglo-amerikanische Terminus lautet, spielt eine besondere Rolle sowohl in den Aufnahme- als auch in den Herkunftsgesellschaften der MigrantInnen (Vgl. Treibel 2011: 11). Denn MigrantInnen, die auswandern, um in der Aufnahmegesellschaft einer Erwerbstätigkeit nachgehen und dort Geld verdienen, überweisen meist einen Teil dieses Einkommens zurück in ihre Herkunftsgesellschaft in Form von „Remittances" (Geldüberweisungen). Diese Geldüberweisungen machen einen nicht unbeachtlichen Teil des internationalen Kapitalflusses aus.

Vor allem in vielen Gesellschaften südlich der Sahara sind diese Geldüberweisungen Zukunftsinvestitionen von entscheidender Bedeutung und somit ein wichtiger Bestandteil für die künftige Entwicklung eines wirtschaftliche schwachen Landes. Die Frage, inwieweit diese Geldüberweisungen aufgrund von Migration zu einem positiven Einfluss sowohl in der Herkunfts- als auch in der Aufnahmegesellschaft beitragen können, ist Gegenstand dieser Bachelorarbeit.

Im Folgenden wird zunächst auf die Definition von Migration und „Remittances" und dann auf die Einflüsse sowohl auf die Aufnahme- als auch auf die Herkunftsgesellschaft eingegangen sowie auf die Theorie von „Brain Drain zum Brain Gain" und den theoretischen Ansatz von H.J. Hoffmann Notvotny.

Die Arbeit konzentriert sich nicht nur auf die Wichtigkeit der Migration und der „Remittances" sondern beschreibt diese als wesentliche Bestandteile der internationalen Migration und als eine Möglichkeit, durch zirkuläre Migration zu einer Veränderung der Lebensbedingungen vor allem in wirtschaftlich schwachen Regionen zu gelangen.

Im Zuge der Betrachtungen werden dabei die Aktivitäten des Entwicklungsarbeits-Hilfsvereins (HIBA) mit Sitz in Linz, gegründet im Jahr 2012 von Eddy Bruno Esien, dem Autor dieser Arbeit, beschrieben.

Ebenfalls wird eine Darstellung der wirtschaftlichen Auswirkungen von Remittances erfolgen und wie Brain-Drain durch Brain-Gain ersetzt werden kann. Dabei geht es darum, dass durch die Transfers von Wissen und Know-How, das von den MigrantInnen in der Aufnahmegesellschaft erworben worden ist, dieses dem Herkunftsland zugute kommen kann.

Im Anschluss an diese Status-Quo-Betrachtung werden einige Projekte des Hilfsvereins zur Nutzung von Remittances in Bezug auf Entwicklungszusammenarbeit dargestellt. Nach deren Vorstellung werden Geldüberweisungen der MigrantInnen als Vorteil sowohl für die Aufnahme- als auch für die Herkunftsgesellschaft zu verstehen sein.

2. Begriffserklärungen

„Wer freiwillig und aus wirtschaftlichen Gründen geht, ist ein Einwanderer, und wer unfreiwillig und aus politischen Gründen geht, ist ein Flüchtling. Diese Begriffsbildung ist jedoch in vielerlei Hinsicht problematisch." (Suhrke/Zolberg 1992: 39)

2.1. Migration

Migration beziehungsweise Wanderungsbewegungen sind komplexe Prozesse, die nicht nur die wandernden Menschen/MigrantInnen beeinflussen sondern auch die Gesellschaften und Regionen zwischen denen diese Menschen sich bewegen (Vgl. Treibel 2010: 17). Die gesamte Menschheit wird entweder direkt oder indirekt von solchen Prozessen tangiert, weil die ganze Welt inzwischen zu einer globalen Gesellschaft, einer Art „globales Dorf" geworden ist. Aufgrund der Komplexität des Themas Migration greift diese Thematik in die unterschiedlichsten Bereiche der Gesellschaft ein.

Nach Treibel (2010: 18) wird Migration oder Wanderung von zahlreichen Wissenschaftern unterschiedlich definiert. Diese Definitionen gehen von einem weiten Begriffsverständnis bis hin zu einem engeren Verständnis. Die folgenden Beispiele des Begriffsverständnisses richten sich nach dem Ordnungsparameter Allgemeinheitsgrad. Laut Hoffmann-Novotny (1970: 107) gilt „(…) jede Ortsveränderung von Personen" als Wanderung. Heberle (1955: 2) definiert Migration dadurch, dass "(…) jeder Wechsel des Wohnsitzes, und zwar des de- facto-Wohnsitzes, einerlei ob freiwillig oder unfreiwillig, dauernd oder vorübergehend" Migration bedeutet. Nach Castles (1993: 1) sind „(…) Menschen, die dauerhaft oder für längerer Zeit außerhalb ihres Herkunftslandes leben" der Definition nach MigrantInnen. Einen ähnlichen – noch weiteren – Ansatz verfolgt Wagner (1989: 26), und beschreibt als Migration „(…) jeden Wechsel des Hauptwohnsitzes einer Person". Im Gegensatz dazu erklärt Eisenstadt (1954: 1) Migration ist „(…) der Übergang eines Individuums oder einer Gruppe von einer Gesellschaft zu einer anderen".

Demnach ist zu erkennen, dass es eine vielfältige Unterscheidung in der Begriffsdefinition gibt und eine Definition von Migration im engeren Sinn sowie eine im weiteren Sinn auszumachen ist. Allen Ansätzen gemein ist, dass Migration zunächst in der Überwindung einer gewissen Entfernung im Sinne einer Ortsveränderung zu verstehen ist. Einzig Eisenstadt spricht von Migration erst dann, wenn eine Wechsel im Sinne einer gesellschaftlichen Veränderung stattfindet. Wagner und Castle geht es in erster Linie um prinzipielle und um direkte Aspekte der Ortsveränderung sowie um Elemente der Dauerhaftigkeit. Dazu wies Jakson (1969) darauf hin, dass zur Definition von Migration zentrale Elemente des Wechsels und der Bewegung erforderlich sind, da Bewegung zu jeder menschlichen Erfahrung dazu gehört. Demnach bewege sich jeder Mensch ein- oder mehrmals im Leben, sei es aus individuellen oder kollektiven Gründen.

Um den Begriff Migration zu untermauern bzw. differenzieren zu können, wurden mehrere Typologien von Migration entwickelt (Vgl. Treibel 2011: 20).

2.1.1. Typologie der Räumlichkeit

Nach räumlichen Gesichtspunkten im Hinblick auf Zielrichtung und Distanz der Wanderung wird unterschieden zwischen Binnen- oder interner Wanderung (häufig Abwanderung von ländlichen Gebieten in die Städte) und internationaler und/oder externer Wanderung. Die internationalen oder externen Wanderungen werden nochmals unterteilt in kontinentale oder interkontinentale Wanderungen.

Tabelle 2: Zuwanderung nach Deutschland in den Jahren 1988-1996 (in Tausend); Aussiedler im Sinn von „Deutscher Volkszugehörigkeit" sind ein deutsches Spezifikum. Unter den genannten Ländern sind Polen, Rumänien und die Nachfolgestaaten der Sowjetunion die Hauptherkunftsländer der Aussiedler. 1989 stellten die Personen aus Polen mit 250.340 die größte Gruppe dar.

Jahr	Polen	Rumänien	Vormalige Sowjetunion	Sostige	Insgesamt
1988	140.226	12.902	47.572	1.945	202.654
1989	250.340	23.387	98.134	5.175	377.036
1990	133.872	111.150	147.950	4.103	397.075
1991	40.129	32.178	147.320	2.347	221.974
1992	17.472	16.146	195.576	1.101	230.565
1993	5.431	5.811	207.347	299	21.888
1994	2.440	6.615	213.214	322	222.591
1995	1.667	6.519	209.409	293	217.898
1996	1.175	4.284	172.181	111	177.751

(Vgl. Treibel 2011: 32)

2.1.2. Typologie der Dauer

Darin wird zwischen zeitlich begrenzter oder temporärer Wanderung (beispielsweise Saisonarbeiter oder Auslandsstudenten) und dauerhafter oder permanenter Wanderung (Ein- oder Auswanderung mit anschließender Niederlassung im Aufnahmegebiet) unterschieden.

2.1.3. Typologie der Freiwilligkeit

Bei dieser Unterscheidung geht es um die Ursache der Wanderung bzw. um die persönlichen Entscheidungsgründe der MigrantInnen. Freiwillige Migration kann bsw. Arbeitsmigration sein während erzwungene oder unfreiwillige Migration meist durch Flucht oder Vertreibung hervorgerufen wird.

2.1.4. Typologie des Umfangs

Je nach Anzahl und Umfang der MigrantInnen aus einem Land bzw. aus einer Region wird zwischen Einzel- bzw. Individualwanderung und Gruppen- oder Kollektivwanderung unterschieden.

Die Begriffsbestimmungen anhand dieser Typologien lassen erkennen, dass es sich beim Thema Migration um eine komplexe Angelegenheit handelt, die sowohl in der Aufnahme- als auch in der Herkunftsgesellschaft eine wesentliche Rolle spielt. Die Migrationsvolumina und die Aktivitäten der MigrantInnen in einer Gesellschaft bestimmen den Einfluss der MigrantInnen auf beide Gesellschaften. Im Zuge dieser Wanderbewegungen werden Menschen häufig in eine andere Gesellschaft aufgenommen, als die in der sie sich bisher befunden haben. Aufgrund dieser Veränderungen passieren erhebliche Veränderungen in fast allen Lebensbereichen der MigrantInnen. Häufige Veränderungen im Leben der MigrantInnen spielen sich auf wirtschaftlicher Ebene im Sinne von finanzieller Veränderung ab. Viele MigrantInnen verlassen die Herkunftsgesellschaft aus dem Grund, um in ihrer Herkunftsgesellschaft eine wirtschaftliche oder auch kulturelle Veränderung herbeizuführen. Dies geschieht häufig auch mit dem Ziel, Geldüberweisungen von der Aufnahme- in die Herkunftsgesellschaft zu tätigen.

Die internationale Migration sowie die Bewegung von Menschen über internationale Grenzen hinweg, hat enorme wirtschaftliche, soziale und kulturelle Implikationen sowohl in den Herkunfts- wie auch in den Aufnahmeländern. Nicht unerheblich dabei ist der Einfluss von Geldüberweisung durch die MigrantInnen direkt von einer Gesellschaft in eine andere.

Vielfach werden wirtschaftliche Beziehungen zweier – oft unterschiedlichster Länder – einzig durch Geldüberweisungen von MigrantInnen an deren Herkunftsfamilien getätigt. Dies führt in weiterer Folge dazu, dass diese Geldtransfers sowohl auf Armut und Migration wirken, aber auch Wohlfahrts- und Investitionsentscheidungen ermöglichen und die Folgen des Brain-Drain („Gehirn-Abfluss") und des Brain-Waste (Nicht-Nutzung von Qualifikationen) hin zu einem Brain-Gain („Gehirn-Gewinn") auszugleichen vermögen.

2.2. „Remittances" = Geldüberweisungen

Der Begriff „Remittances" meint jene Geldflüsse, die von MigrantInnen, die in einem anderen Land leben, stammen und in das Herkunftsland der MigrantInnen fließen. Meist sind dies kleinere oder größere Bargeld-Beträge, die von MigrantInnen an deren Familien oder Verwandtschaft nach Hause geschickt werden. Diese Geldflüsse werden als „Migrant Remittances" bezeichnet.

> *„Migrant Remittances aind „the sum of workers remmitances, compensation of employees, and migrants` transfer" (Worldbank Factbook 2011: Xvi). „(...) workers Remittances, as defined by International Monetary Found (IMF) in the balance of Payment Manual, 6th edition (IMF 2010a), are current private transfer from migrant workers who are considered residents of the host country to recipients in the workers country of origin. If the migrants live in the host country for one year or longer, they are considered residents, regardless of their immigration status. If the migrants have lived in the host country for less than one year, their entire income in the host country should be classified as compensation of employees."*

Migrant Remittances sind die Transfers von Vermögenswerten, die durch MigrantInnen von einem Land zu einem anderen Land im Zeitraum der Migration (für einen Zeitraum von mindestens einem Jahr) übertragen werden. Wenn die Anzahl der ArbeitsmigrantInnen ansteigt, erhöhen sich auch die Vermögenstransfers durch MigrantInnen.

Obwohl die Rahmenbedingungen klar definiert wären, sammeln die meisten Länder ihre Daten basierend auf den Zugehörigkeiten der ausländischen Beschäftigten „migrant workers" statt basierend auf ihren Staatsbürgerschaften. Vielfach werden die Daten der Geldüberweisungen kategorisiert als „compensation of employees or worker remittances", obwohl diese beiden Kategorien voneinander getrennt zu betrachten und zu analysieren wären. Die Unterscheidung zwischen diesen beiden Kategorien erscheint willkürlich zu sein je nach

Land, Steuergesetzgebung und Verfügbarkeit von Daten. Als weitere Schwierigkeit stellt sich allgemein die Sammlung und Analyse der internationalen Daten heraus, denn die Geldtransfers erfolgen in der Regel über private Geldtransporteure. Auch veröffentlichen viele Staaten ihre Remittances nicht beim IMF, andere Länder, am häufigsten die Länder der „developing countries" verweigern dem IMF gänzlich, Angaben über ihre Geldzuflüsse aufgrund von Migrant Remittances zu machen. Zu diesen Ländern gehören beispielsweise Afghanistan, Kuba, Turkmenistan, Usbekistan oder Zimbabwe (Vgl. Worldbank Factbook 2011: XVII). Aber auch Staaten der „high income countries" insbesondere Kanada, Katar, Singapur oder die Vereinigten Arabischen Emirate geben ihren Ausfluss von Remittances dem IMF nicht bekannt, obwohl gerade diese Staaten wichtige Einwanderungsländer und somit kräftige „Vermögens-exporteure" wären. Eine genaue Erhebung und Analyse der Daten und Zahlen ist aus diesen Gründen aber auch aufgrund der Komplexität und Internationalität der Materie nicht möglich. Global gesehen ist aber festzustellen, dass die weltweiten Geldüberweisungen von MigrantInnen aus Industriestaaten in ihre Herkunftsländer das Dreifache dessen betragen, was von staatlichen Stellen für Entwicklungshilfe geleistet wird. Laut Factbook (2011: VII) der Weltbank „(…) *there are more than 215 million international migrants in the world. Recorded remittances received by developing countries, estimated to be US $325 billion in 2010, far exceed the volume of official aid flows and constitute more than 10% of gross domestic product (GDP) in many developing countries"*.

Demnach zeigt sich, dass Migration und die damit verbundenen Geldüberweisungen in der Lage sind, in den Herkunftsgesellschaften Armut zu reduzieren. Remittances können zu steigendem Investment im Bereich Gesundheit oder Bildung führen, aber es kann auch zu Verbesserungen im kleinunternehmerischen Bereich kommen.

Auf der anderen Seite führt vermehrte Auswanderung (auch Auswanderung zum Zweck von Remittances) dazu, dass es in den Auswanderungsgesellschaften zu negativen Entwicklungen im Sinne eines Brain-Drain durch die Auswanderung von qualifizierten Personen kommen kann. Die ausgewanderten Personen eines Staates bilden demnach eine Diaspora. Dieser Diaspora – insbesondere der Diaspora der „developing countries" – kommt in der Leistung von „Entwicklungshilfe" in diesen Ländern eine wesentliche Rolle zu. Der Diaspora kommt dabei die Funktion eines doppelten Brückenbaus zwischen der Herkunfts- und den Aufnahme-gesellschaften zu. In der der Diaspora finden sich die meisten finanziellen Ressourcen, die in der Herkunftsgesellschaft zu Investment und Wirtschaftstätigkeit benutzt werden können.

Die Volumina dieser Überweisungen wachsen immer schneller und stellen einen nicht unbedeutenden Faktor im Bereich Wirtschaftswachstum der Herkunftsländer, Integration und Entwicklungszusammenarbeit dar.

3. Zur Theorie

Die meisten soziologischen Migrationstheorien beschäftigen sich entweder mit den Folgen oder den Ursachen von Migration. Einerseits geht es um die Frage, warum Menschen wandern und ihr Handeln sich durch soziale Ordnungssysteme erklären lässt und auf der anderen Seite geht es um die Untersuchung der Etablierung der Zuwanderer in der Aufnahmegesellschaft (Vgl. Oswald 2007: 85-86). Diese komplexe Ausgangs- und Zielsituation stellt eine herausfordernde Arbeit der soziologischen Aufklärung dar. Es hat in den letzten Dekaden eine Vielzahl von Arbeiten gegeben, die genau diese Thematik der Migration insbesondere Folgen und Ursachen, die die sich oft im Brain-Drain sowie Brain-Gain auswirken, bearbeiteten. Seit den 1970er Jahren stellt sich die Migrationstheorie von H.-J. Hoffmann Novotny als sehr erfolgreich und einflussreich dar, weil sich dessen Theorie grundsätzlich stetig weiterentwickeln und in andere Theorien integrieren lässt (Vgl. Oswald 2007: 87).

3.1. Der Ansatz von H.-J. Hoffmann-Nowotny

Nach Oswald (2007: 87) ist der Ausgangspunkt von Hoffmann-Nowotnys Therorie darin zu sehen, dass MigrantInnen grundsätzlich deshalb auswandern, weil sie ihre Lebensbedingungen verbessern wollen. Soziologisch betrachtet ist der Maßstab für „gut" oder „besser" entweder ökonomisch oder aufgrund individueller Motivation an sich nicht plausibel. Eine solche Beurteilung muss etwa von außen (durch die Wissenschafter) oder durch die Betroffenen selber erfolgen. Hoffmann-Nowotny (1970) weist darauf hin, dass sowohl objektive Gegebenheiten als auch subjektive Motivlagen systematisch miteinander zu verknüpfen und sowohl makrosoziologische und -ökonomische Aspekte auf mikrosoziale, individuelle Entscheidungssituation zu beziehen sind (Vgl. Oswald 2007: 87).

Hoffmann-Nowotny (2007: 26ff) verfolgt weiters den Ansatz, dass „Macht" und „Prestige" eine wesentliche Rolle bei der Entscheidung zur Wanderung spielen. Dabei geht es um in erster Linie um Ausgleich, denn „Macht" steht für die Möglichkeit eines Akteurs seinen Anspruch auf Teilhabe der sozialen Werte durchzusetzen, während „Prestige" darauf gerichtet ist, inwiefern die Teilhabe als legitim gilt. Dazu zeigt er mögliche Beispiele von „Macht" auf, wie soziale Positionen, Einfluss, Status und Höhe des Einkommens, während „Prestige" auf individuelle Eigenschaften und Fähigkeiten wie etwa Ausbildungs- und Berufsqualifikationen gerichtet ist (Oswald 2007: 87).

Häufig kommen für MigrantInnen diese beiden Dimensionen aber nicht zur Deckung, insbesondere dann, wenn ein großer Anteil der Bevölkerung über eine gute Ausbildung verfügt und die entsprechenden Arbeitsplätze besetzt sind (Oswald 2007: 88).

Nach der Theorie Hoffmann-Nowotnys kann jedoch Abwanderung auf beiden Seiten von Vorteil sein: „(...) Für die MigrantInnen selbst, sofern diese eine ihrer Qualifikationen entsprechende und eine eine Aufwärtsmobilität ermöglichende Arbeit finden und für das Herkunftsland, weil Protestpotential vermindert und der Arbeitsmarkt entlastet wird sowie mit nennenswerten Rücksendungen an zurückgebliebene Familienmitglieder gerechnet werden kann und somit Spannungsabbau erfolgt. Weiters für das Zielland, weil es Stellen mit Personen besetzen kann, in deren Ausbildung nicht investiert werden musste" (Oswald 2007: 88).

Ein weiterer Punkt, in dem Inhalt und Form der Hoffmann-Novotnyschen Theorie typischerweise zusammenzukommen, ist die Formulierung seiner Theorie ursprünglich „(...) vor dem Hintergrund der Migration aus Entwicklungsländern in Industriegesellschaften" (Oswald 2007: 88). Ebenso zeigt es sich, dass Migration empirisch als ein Ausweg aus Entwicklungsblockaden sein kann, wodurch eine bessere Verkehrs- und Kommunikationstechnik ermöglicht wird, die eine Begleiterscheinung der Globalisierungsprozesse ist (Vgl. Oswald 2007: 88).

Nach Hoffmann-Nowotny (1993; 1997;) sind die Migrationsursachen vor allem durch zwei Aspekte zu untermauern:

- Die Entwicklungsdisparitäten zwischen den nationalen Einheiten der Weltgesellschaft nehmen zu und

- gleichzeitig erfolgt aufgrund der Ausbreitung des westlichen Struktur- und Kulturmodells eine Wertintegration der Gesellschaften auf kultureller Ebene.

Grenzüberschreitende oder internationale Migrationen werden somit als eine besondere und kollektive Strategie des individuellen sozialen Aufstiegs angesehen. Die MigrantInnen können dadurch mehr Geld verdienen, um die Herkunftsfamilien mit Geldüberweisungen zu versorgen. Diese Überweisungen spielen auch eine wesentliche Rolle in der Entwicklungszusammenarbeit, weil die Familien das Geld in unterschiedlichen Bereichen anwenden beziehungsweise nützen können.

Ein weiterer wesentlicher Aspekt ist, dass aktuelle Migrationsphänomene einem einfachen Push und Pull-Modell gleichen, demzufolge Migration durch Lohndifferenzen zwischen zwei Ländern/Regionen ausgelöst wird. (Vgl. Oswald 2007: 89). Diese Differenzieren sollen durch Wanderbewegungen neutralisiert werden. Aufgrund dieser Neutralisierung kann es vor allem aufgrund internationaler Migration zum Brain-Drain in vielfach ohnedies schon unterentwickelten Regionen kommen.

3.2. „Brain-Drain" und „Brain-Gain"

Bei Brain-Drain geht es um den Verlust von menschlichem Kapital und Wissen innerhalb einer Gesellschaft bedingt durch Ab- oder Auswanderung. Brain-Gain hingegen meint den Gewinn von Wissen und geistigem Potential in einer Gesellschaft durch Einwanderung oder durch zirkuläre (hin- und herwandern) Migration.

Schon Galinski (1986: 9ff), wies darauf hin, dass „Brain-Drain" eine Abwanderung von Wissenschaftern oder Intellektuellen in Form von Intelligenz-, internationalem Human-Kapitalflussverlust sowie Verlust von Technologietransfer darstellt. Insbesondere wenn begabte oder hochqualifizierte Personen oder -gruppen ein Land verlassen, kann es in diesem Land zu Engpässen in diesen Bereichen kommen. Der Vorteil für das Auswanderungsland im Zuge eines solchen Brain-Drain kann aber darin gesehen werden, dass ihre gut ausgebildeten und hochqualifizierten Auswanderer im Aufnahmeland das Vielfache dessen verdienen können, als ihnen im Herkunftsland möglich sein wird. Dieses im Ausland verdiente Geld kommt dann wiederum in Form von Rücküberweisungen den zurückgebliebenen Familien und somit der Herkunftsgesellschaft zugute. Durch Remittances kann das Haushaltseinkommen und somit der Lebensstandard der Herkunftsfamilien aufgebessert, aber auch das Haushaltsbudget eines Staates verbessert werden.

Nach Bhagwati (1976: 10f) ist Brain-Drain die Erscheinung, dass weniger entwickelte Länder hoch ausgebildete Arbeitskräfte verlieren, da sie in höher entwickelte Länder wechseln, in denen ihre Qualifikationen fehlen und sie demnach viel Geld verdienen können. Gerade die ohnehin schon höher entwickelten Länder profitieren dabei wiederum von diesem Wissens-Transfer, vor allem auch deshalb, weil sie kein Geld in die Ausbildung der MigrantInnen zu investieren hatten. Gerade aber die wenig entwickelten Länder würden aber ganz dringend solches menschliches Kapital benötigen, um die wirtschaftlichen und gesellschaftlichen

Probleme ihrerseits in den Griff zu bekommen. Gerade diese Personen sind es aber, die das Land zuerst verlassen.

Profiteure dieser Bewegungen sind wiederum die hoch entwickelten Länder, weil dort auch gut ausgebildete und hochqualifizierte MigrantInnen als Arbeitskräfte eingestellt werden. Diese stellen in dieser Gesellschaft einen Multiplikator sowie einen Katalysator für die wirtschaftliche Weiterentwicklung der – ohnedies schon gut entwickelten – Gesellschaft dar. Diese Tendenzen gehen vielfach soweit, dass hoch qualifizierte Arbeitskräfte von höher entwickelten Ländern gekauft werden, um das Wirtschaftssystem in diesen Ländern zu beleben (Vgl. Kwok/Leland (1982), 91).

Auf der folgenden Tabelle sind jene zehn Staaten aufgelistet, in denen im Jahr 2010 die meisten Hochschulabsolventen weltweit emigrierten. Aus Guyana beispielsweise emigrierten 89% der Hochschulabsolventen.

Tabelle 3: Top 10 Emigration Countries of Tertiary-Education 2010

Ranking	Land	Auswanderungsrate
1	Guyana	89,0%
2	Grenada	85,1%
3	Jamaica	85,1%
4	St. Vincent and the Grenadines	84,5%
5	Haiti	83,6%
6	Trinidad and Tobago	79,3%
7	St. Kitts and Nevis	78,5%
8	Samoa	76,4%
9	Tonga	75,2%
10	St. Lucia	71,1%

(Vgl. Worldbank 2011)

Die meisten dieser hoch qualifizierten Arbeitskräfte sind in der Technik und im medizinischen Bereich beschäftigt. In Südostasien sind im Jahr 2010 beispielsweise 76,517 Millionen Personen, das entspricht 10,6 % der dortigen Bevölkerung in ein anderes Land emigriert. Aus den Gebieten südlich der Sahara sind im Jahr 2010 52,298 Millionen Personen in nördliche Länder ausgewandert, um dort im medizinischen Bereich tätig zu sein, das entspricht 11 % der dortigen Bevölkerung. In Asien liegt Sri Lanka mit 29,7 % Auswanderung von hochqualifizierten MigrantInnen an erster Stelle, den zweiten Platz belegt Afghanistan mit 23,3 % und Pakistan mit 12,6 %.

Tabelle 4: Emigration Rate of tertiary-educated population of South Asia 2010 (Top 5 Countries)

1	Sri Lanka	29,7%
2	Afghanistan	23,3%
3	Pakistan	12,6%
4	Nepal	5,3%
5	Bangladesh	4,3%

(Vgl. Worldbank 2011: 31) „Migration and Remittances Factbook 2011"

Von den Ländern südlich der Sahara besitzen die Kapverden mit 67,5% die höchste Auswanderungsrate an HochschulabsolventInnen.

Tabelle 5: Emigration Rate of tertiary-educated population of South-Saharan Afrika 2010 (Top 10 Countries)

1	Cape Verde	67,5%
2	The Gambia	63,3%
3	Mauritius	56.2%
4	The Sychelles	55,9%
5	Sierra Leone	52,5%
6	Ghana	46,9%
7	Mozambique	45,1%
8	Liberia	45,0%
9	Kenya	38,4%
10	Uganda	35,6%

(Vgl. Worldbank: 2011), „Migration and Remittances Factbook 2011"

Es ist davon auszugehen, dass es zwei Arten von Brain-Drain gibt. Einerseits sind dies die hochqualifizierten Arbeitskräfte häufig aus den Bereichen Medizin und Technik, andererseits StudentInnen, die oft nach ihrem Auslandsstudium nicht mehr in ihrer Herkunftsländer zurückkehren. (Vgl. Nayar (1986), S. 78.). Solche Tendenzen sind häufig in den afrikanischen Staaten, aber auch in Lateinamerika oder den asiatischen Staaten zu beobachten (Vgl. für Indien Malik (1998), S. 1ff und für Mexiko Cornelius/Marcelli 2000: 1ff.).

In dieser Hinsicht werden die höher qualifizierten und mit besserer Ausbildung ausgestatteten Personen letztlich höhere Steuern in den Aufnahmestaaten zahlen. Die meisten der höher qualifizierten MigrantInnen in höheren oder mittleren Schichten tragen somit mehr zum Staatsbudget bei. Auch beanspruchen höher ausgebildete Staatsbürger im Normalfall weniger Sozialleistungen (Vgl. auch Borjas 1999: 19.).

Brain-Drain ist meistens eine Folge von komplexen Abläufen in einer Gesellschaft und hat in der Regel viele Ursachen. Im Vordergrund stehen auch hier sogenannte Push und Pull-Faktoren, obwohl auch eine gewisse Distanztheorie zu Kenntnis genommen wird (Vgl. Bhagwati/ Krugmann 1985: 362ff.).

Als Pull und Push-Effekte sind eine Vielzahl von Faktoren sowohl in der Herkunfts- als auch in der Aufnahmegesellschaft zu benennen, die die Menschen zu Wanderungen bewegen. Einige Beispiele sogenannter Pull-Faktoren sind höhere Einkommen in den Industriestaaten, Hoffnung auf ein besseres Leben, mediale Berichte aus den Industriestaaten, Traum vom Leben im Westen, bessere Chancen auf Bildung, größeres Angebot an Bildung und Arbeit, Reiselust usw. Hingegen als Push-Faktoren anzusehen sind geringe Möglichkeiten für Bildung und Arbeit, Kriege oder Naturkatastrophen, Soziale oder ethnische Spannungen usw.

In der Aufnahmegesellschaft sind die MigrantInnen wiederum mit einer Vielzahl an Problemen konfrontiert wie Ausschluss an Ausbildungsmöglichkeiten, sprachliche sowie kulturelle Hindernisse. Aufgrund der Komplexität von Migrationsentscheidungen ist die Herausarbeitung und Entwicklung einer Brain-Drain-Theorie als schwer einzustufen (Vgl. Galinski 1986: 65f).

4. Rücküberweisungen von MigrantInnen

Aufgrund des Phänomens des Brain-Drain hin zum Brain-Gain von der Herkunftsgesellschaft in die Aufnahmegesellschaft kommt es auch in der Herkunftsgesellschaft zu positiven Veränderungen. Diese Veränderungen sind vor allem darin zu sehen, dass der Verlust des Wissens aufgrund der Auswanderungen durch das Hereinkommen von Geld in Form von Remittances ausgeglichen wird. Der Fluss dieser Geldtransfers wird Remittances-Flow genannt und wird dem statistischen Rahmen dieser Trends zugrunde gelegt.

4.1. Quellen und Daten

Nach Straubhaar/Vädean ist in den Quellen aus „(…) the Compensation of employees, (…) zwischen Workers Remittances (…) und Migrant Transfers" (…) zu differenzieren. Beim Vorgang der Datensammlung muss auf diese Unterscheidung Bedacht genommen werden, denn existieren eine Vielzahl von sowohl formellen als auch informellen Quellen darüber, in welchem Umfang MigrantInnen Geld in ihre Herkunftsländer überweisen. Die informellen Quellen spielen eine große Rolle bei der Quantität der migrantischen Rücküberweisungen, und diese sind nicht einfach zu erfassen. Die Volumina der Remittances sind demnach nahezu uneinschätzbar, weil gerade die höchsten Beträge durch informelle Kanäle strömen und deshalb schwer zu beziffern sind. Straubhaar/Vädean (2006) beschreiben, dass „(…) on the other hand the same remittances flows can be seen as underestimated because they do not include transfer through informal channels, such as hand-carries by friends or family members, or in kind remitttances of jewellery, cloths and other consumer goods (…).

In vielen Staaten sind die migrantischen Remittances eine sehr wichtige Einkommensquelle für den Staat; Statistiken sprechen in bestimmten Ländern dabei von etwa 10 bis 50% der gesamten ausländischen Geldflüsse sind Überweisungen von MigrantInnen. In offiziellen Statistiken sind diese Zahlen aber leider nicht zu finden (Vgl. Puri/Ritzema 1999; El-Qorchi et al 2002).

Die offiziellen Datenquellen wiedergeben keine sinnvollen und richtigen Zahlen und zeigen nicht deutlich aktuelle Transfers sondern lediglich Import, wobei migrantische Remittances aber nicht explizit ausgewiesen sind. Indien beispielsweise hat eingeführt, mitgebrachtes Gold von Einreisenden einzutragen und registrieren zu lassen. Dieses Gold wird dort schon über lange Zeiträume eingeführt, wurde aber bisweilen nicht als Remittance wahrgenommen (Vgl. Ratha (2003).

4.2. Trends in den Entwicklungsländern

Nach Straubhaar/Vadean (2002) betrugen die Überweisungen in Form von Remittances in die Entwicklungsländer im Jahre 2002 12,3%, in Summe etwa 149,4 Billionen USD. Nach Retha et al (2010) zeigen die Daten weiters, dass die offiziell erfassten Rücküberweisungen in die Entwicklungsländer im Jahr 2009 weniger wurden und dabei einen Rückgang um 5,5 % erreicht haben (Siehe Tabelle 6). Weiters war der Rückgang der Überweisungen während der globalen Finanzkrise zur Zeit ihres Höhepunkts im Jahr 2009 bescheiden, denn im Vergleich dazu war ein Rückgang von 40% bei den ausländischen Direktinvestitionen zwischen 2008 und 2009 und ein Rückgang von 46% bei der privaten Verschuldung und des Eigenkapital-Portfolios zu beobachten. (Vgl. Factbook 2011).

Darüber hinaus wurden Rücküberweisungen eine wichtige Quelle für Fremdfinanzierung in vielen Entwicklungsländern. In den Aufnahmegesellschaften hingegen stellen Remittances einen wirtschaftlichen Multiplikator dar, denn für die MigrantInnen bilden Remittances einen Ansporn am Arbeitsmarkt, um genügend Geld ihren Verwandten in ihrem Heimatland zur Verfügung stellen zu können.

Im Einklang mit der Weltbank ergibt sich ein Ausblick für die Weltwirtschaft in der Form, dass sich Rücküberweisungen in die Entwicklungsländer erhöhen werden. Für das Jahr 2011 voraussichtlich um 6,2 % für das Jahr 2012 um 8,1 %, was für das Jahr 2011 eine Summe von 346 Billionen USD und 374 Billionen USD für das Jahr 2012 ausmachen wird.

Nach Angaben der Weltbank (2011): „Recorded remittances in 2009 were nearly three times the amount of foreign aids and almost as large as foreign direct investment flows to developing countries".

Ebenso dazu zeigen Martin/Zuercher (2008) auf, dass "(…) Remittances to developing countries were $325 billion in 2010, more than official development aid and almost as much as foreign direct investment. (…). Remittances are the largest share of the economy in a diverse group of countries, including ex-USSR countries whose Soviet industries collapsed, such as Tajikistan and Moldova; island countries such as Tonga and Samoa; and Central American countries with large diasporas in the United States, including Honduras and El Salvador. Remittances reduce poverty for families who receive them and can benefit workers who do not migrate, for example, to build or improve housing or invest in small businesses, creating jobs for nonmigrants. Migration opens a window to development, but sending workers abroad and receiving remittances cannot alone generate development".

Remittannces haben auch in diesem Sinn auch eine gewisse Multiplikatorfunktion, weil Remittances nicht nur zur Entwicklung beitragen, sondern auch einen Entwicklungsprozess in Gang setzen zwischen Herkunfts- und Aufnahmegesellschaft. Nach Angaben der Weltbank (World Bank Factbook 2011: 19) war im Jahr 2010 Indien mit USD 55 Billionen das Land mit den höchsten Beträgen an Remittance-Empfängen (Tabelle 7), im Jahr 2009 hatte Tadschikistan mit 35,1% GDP die höchsten (Tabelle 8).

Tabelle 6: Outlook for remittance flows to developing countries, 2011-12

	2007	2008	2009	2010e	2011f	2012f
$billion						
Developing countries	278	325	307	325	346	374
East Asia and Pacific	71	85	86	91	98	106
Europe and Central Asia	39	46	35	37	39	43
Latin America and Caribbean	63	65	57	58	62	69
Middle-East and North Africa	32	36	34	35	37	40
South Asia	54	72	75	83	87	92
Sub-Saharan Africa	19	21	21	21	22	24
Low-Income Countries	17	22	22	24	26	29
Middle-Income Countries	262	303	285	301	319	345
World	385	443	416	440	464	499
Growth rate (%)						
Developing Countries	22.8%	16.7%	-5.5%	6.0%	6.2%	8.1%
East Asia and Pacific	23.7%	20.2%	0.3%	6.4%	7.2%	8.5%
Europe and Central Asia	38.5%	16.5%	-22.7%	3.7%	6.5%	10.4%

Latin America and Caribbean	6.9%	2.2%	-12.0%	2.0%	7.6%	10.0%
Middle-East and North Africa	21.5%	11.8%	-6.3%	5.3%	4.5%	6.7%
South Asia	27.1%	32.5%	4.5%	10.3%	5.1%	6.3%
Sub-Saharan Africa	46.7%	14.9%	-3.7%	4.4%	4.5%	6.7%
Low-income countries	27.6%	32.5%	2.4%	8.2%	8.7%	9.0%
Middle-incomes countries	22.5%	15.7%	-6.0%	5.8%	6.0%	8.0%
World	21.1%	15.1%	-6.1%	5.8%	5.4%	7.5%

e=estimate, f=forecast
Quelle: Authors' calculation based on data from IMF Balance of Payments Statistics Yearbook 2009 and data releases from central banks, national statistical agencies, and World Bank country desks.

Tabelle 7: Top 10 der Überweisungsempfänger im Jahr 2010 in Billionen

Ranking	Land	Betrag
1	India	$55.0
2	China	$51.0
3	Mexico	$22.6
4	Philippines	$21.3
5	France	$15.9
6	Germany	$11.6
7	Bangladesh	$11.1
8	Belgium	$10.4
9	Spain	$10.2
10	Nigeria	$10.0

(Vgl. Migration and Remittances Factbook 2011. World Bank)

Tabelle 8: Top 10 der Überweisungsempfänger im Jahr 2009 in % des Bruttoinlandsprodukts (BIP)

Ranking	Land	BIP %
1	Tajikistan	35.1%
2	Tonga	27.7%
3	Lesotho	24.8%
4	Moldova	23.1%
5	Nepal	22.9%
6	Lebanon	22.4%
7	Samoa	22.3%
8	Honduras	19.3%
9	Guyana	17.3%
10	El Salvador	15.7%

(Vgl. Migration and Remittances Factbook 2011. World Bank)

Abbildung 1: Geldüberweisungen verglichen mit privaten Geldflüssen

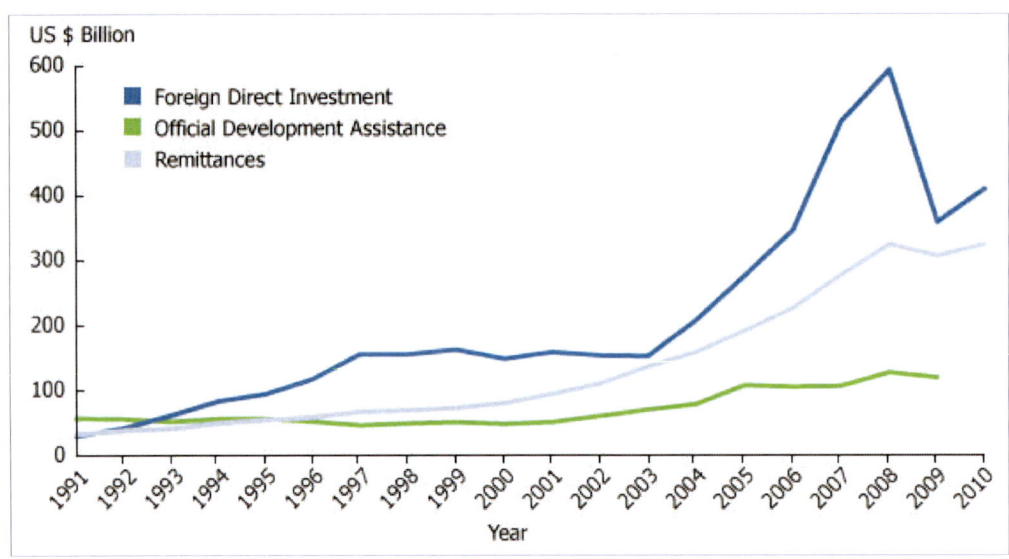

: *World Bank, World Development Indicators (Washington, DC: World Bank, 2010); and World Bank, "Global Economic Monitor," accessed at* http://data.worldbank.org/data-catalog/global-economic-monitor*, on April 20, 2011.*

Diese Daten zeigen auf, dass Remittances vor allem in wirtschaftlich schwachen Ländern einen bedeutenden Beitrag zu den staatlichen Einnahmen bilden. Von dieser Finanzquelle profitieren aber nicht nur die Entwicklungsländer, sondern auch jene Staaten, aus denen die Finanzströme fließen. Um einen effektive Nutzung dieser Gelder zu ermöglichen, wäre es von Vorteil, wenn die Aufnahmestaaten vermehrt mit MigrantInnen oder MigrantInnenvereinen zusammenarbeiten würden. Remittances von MigrantInnen werden ohne Zinsen in das Herkunftsland überwiesen und werden unmittelbar von Privatpersonen zur Sicherung ihres Lebensunterhalts bzw. für unterschiedliche Projekte benützt. Migrantische Geldüberweisungen können demnach auch zum Wirtschaftswachstum in der Aufnahmegesellschaft beitragen.

Ebenso zeigen Straubhaar/Vădean (2006), dass Geldüberweisungen von MigrantInnen sehr wichtige Kapitalerzeuger und Geldquellen in den Entwicklungsländern sind. Diese Überweisungen können zum Wohlergehen der Bürger in wirtschaftlich schwächeren Zonen beitragen und möglicherweise ein wesentliches Instrument für die Wirtschaft und für die sozio-ökonomische Entwicklung der Herkunftsgesellschaft bilden. Sie zeigen weiters auf, dass migrantische Überweisungen in Ländern mit niedrigerem oder niedrig bis mittlerem Einkommen deutlich höher ausfallen als in anderen Entwicklungsländern (Vgl. 2006: 3).

Straubhaar/Vadean beschreiben weiters, dass Geldüberweisungen von MigrantInnen zwar einen wesentlichen Teil zum Entwicklungsprozess in den Ländern südlich der Sahara beitragen, dennoch aber auch weltweite Ungleichheiten erzeugen. Besonders in die asiatischen Länder fließen sehr hohe Geldbeträge in Form dieser Überweisungen. Seit 1996 fließen etwa 44 bis 46% der weltweiten privaten Geldüberweisungen in asiatische Länder, gefolgt von den Lateinamerikanischen bzw. Karibischen Staaten (17 bis 21%) und den osteuropäischen Ländern mit etwa 15 bis 18 % (Vgl. Straubhaar/Vadean 2006: 15).

Zusammengefasst ist demnach festzuhalten, dass sich Höhe und Volumina an privaten Rücküberweisungen von MigrantInnen auch abhängig sind von der Bevölkerungsanzahl der jeweiligen Herkunftsländer. Gerade aus Ländern mit sehr hoher Bevölkerungszahl kommt es zu starken Auswanderungs- und Streuungsbewegungen. Durch die hohe Zahl an ausgewanderten Bürgern kommt es wiederum zu hohen Summen an Rücktransfers privater Gelder.

4.3. Wechselbeziehungen

Die MigrantInnen arbeiten in den Aufnahmegesellschaften und verdienen dort ihren Lebensunterhalt. Denn gerade die MigrantInnen sind es, die Arbeiten verrichten, für die in der Aufnahmegesellschaft keine oder nur unzureichend Arbeitskräfte zur Verfügung stehen. Dadurch tragen MigrantInnen aktiv am Wirtschaftsleben in der Aufnahmegesellschaft teil. MigrantInnen verdienen daher ihren Lebensunterhalt, stellen häufig fehlende Arbeitskraft zur Verfügung und verbessern mit ihren Geldüberweisungen das Einkommen ihrer Herkunftsgesellschaft. Dadurch entsteht so etwas wie eine Win-Win Situation für beide Gesellschaften.

Vor allem in den Aufnahmegebieten kann es dadurch zu einem Zugewinn an Wissen (Brain-Gain) kommen.

Durch Arbeitsmigration beginnen aber nicht nur multi- oder bilaterale wirtschaftliche Beziehungen zwischen dem Herkunfts- und dem Aufnahmeland zu wachsen, sondern es kann auch zu politischen Beziehungen zwischen den Nationen kommen.
Wie bereits oben beschrieben wird in den Herkunftsländern das durch Abwanderung verloren gegangene Wissen (Brain-Drain) durch Geldtransfers ersetzt. Gerade hochqualifizierte MigrantInnen ermöglichen sich durch die Verwendung ihrer Qualifikation in einem Land mit höherem Einkommen ein höheres Einkommen, welches zu einem Teil wiederum dazu verwendet wird, Geld in ihrer Heimat zu überweisen. Dieses Geld würde dem Herkunftsland nicht zur Verfügung stehen, wenn die MigrantInnen ihre Herkunftsgesellschaft nicht verlassen hätten.

4.4. Einflüsse auf Geldüberweisungen

Nach Straubhaar/Vadean (2006: 16) hängen Volumen und Effizienz von migrantischen Rücküberweisungen stark von den einzelnen Personen ab. Dabei spielen die subjektiven Fähigkeiten der MigrantInnen in Bezug auf die Höhe des Einkommens aber auch in Bezug auf wirtschaftliche Fähigkeiten und die Motivation der Einzelnen eine wesentliche Rolle. Entscheidend dabei ist auch die Dauer des Aufenthalts in der Aufnahmegesellschaft, die gesamte Lebenssituation der MigrantInnen (Beschäftigung, Sprache, Wohnsituation,...) sowie netzwerkliche Effekte der MigrantInnen (allein lebend, in Partnerschaft oder zusammen mit der Familie lebend)(Vgl. Straubhaar/Vadean 2006: 16). Die Dauer des Aufenthalts in der Aufnahmegesellschaft ist häufig Ausschlag gebend für die Höhe des Einkommens sowie für die Stabilität der Lebenssituation der MigrantInnen. Mit zunehmender Dauer des Aufenthalts verringern sich in der Regel die überwiesenen Geldbeträge. Auch entscheidend für die Untersuchung ist die Frage nach der Motivation der einzelnen MigrantInnen für die Geldüberweisung in ihre ursprüngliche Heimat. Aufgrund der unterschiedlichsten Lebenssituationen der MigrantInnen sowie der mannigfaltigen Motive für die Tätigung von Überweisungen ist es schwer eine allgemein anwendbare Theorie herauszuarbeiten. Schon Stark (1991) pointiert, dass „(…) no general theory of Remittances exists". Laut Straubhaar/ Vadean (2006: 16) bringt die Analyse der Motive aufgrund empirischer Untersuchungen zum Teil brauchbare Informationen. Diese wiederum seien aber wiederum eingeschränkt auf temporäre, geografische sowie soziokulturelle Faktoren.

4.4.1. Altruismus als Handlungsmotiv

Schon Straubhaar/Vadean (2006:16) weisen darauf hin, dass zahlreiche Motive, warum internationale MigrantInnen Geld nach Hause überweisen, altruistischer Natur sind. Viele der MigrantInnen wollen sich vom Ausland aus um ihre zurückgebliebene Familie bzw. um ihre zurückgebliebenen Verwandten kümmern. Altruistisch motiviert ist auch das Erleben einer gewissen Zufriedenheit vieler MigrantInnen, wenn sie einen Beitrag für die Verbesserung der Lebenssituation in ihrer Herkunftsgesellschaft leisten können. Das Wissen um das Wohlergehen der Familie in der Herkunftsgesellschaft gibt vielen MigrantInnen eine gewisse Freude und ein Gefühl der Sinnhaftigkeit und dient häufig als Ansporn, sich noch mehr anzustrengen und sich in der Aufnahmegesellschaft zu integrieren sowie an gesellschaftlichen Aktivitäten teilzunehmen. Auch diese Form der Motivation trägt dazu bei, die beschriebene Win-Win Situation beider Gesellschaften zu ermöglichen.

Straubhaar/Vadean (2006: 16) verfolgen aber auch einen anderen Ansatz, nämlich dahingehend, dass Familien, die von ihren Mitgliedern in der Diaspora unterstützt werden in eine gewisse Abhängigkeit geraten. Der Altruismus, der besonders in wirtschaftlich schwächeren Ländern eine große Rolle spielt führt dazu, diese Familien und deren Einkommen von der Lebenssituation der in der Diaspora lebenden MigrantInnen abhängig werden. Ein Rückgang der migrantischen Überweisungen aus welchen Gründen auch immer führt daher automatisch auch zu einem Rückgang am familiären Einkommen.

Ebenso dazu erklären Lukas/Stark (1985), dass beispielsweise im Fall von Botswana Altruismus nur eine unzureichende Erklärung für die Rücküberweisungen der Migranten darlegt.

Weiters zeigen Lowel/Garza (2000) auf, dass MigrantInnen mit einem niedrigerem Einkommen in der Aufnahmegesellschaft oft mehr als 50% ihres verfügbaren Geldes in ihre Heimat überweisen. MigrantInnen, die eine eigene Familie haben überweisen – amerikanischen Studien folgend – bis zu 25 % weniger in ihre Heimat als MigrantInnen, die im Ausland ohne eigene Familie leben.

4.4.2. Eigeninteresse als Handlungsmotiv

Bei migrantischen Geldüberweisungen spielt aber auch ein gewisses Eigeninteresse der MigrantInnen eine nicht zu vernachlässigende Rolle. MigrantInnen, die Geld an ihre Herkunftsfamilie überweisen, erwarten sich von ihren Familien zu einem späteren Zeitpunkt gewisse Zuwendungen, wie zB einen Anteil am Erbe ihrer Familien, um später in ihrer Herkunftsgesellschaft Investitionen tätigen zu können (Vgl. Straubhaar/Vadean 2006: 17). Nach zahlreichen empirischen Befunden lässt sich nachweisen, dass wohlhabende Eltern beispielsweise in Kenia oder Botswana den höchsten Anteil an Rücküberweisungen bekommen (Vgl. Hoddinott 1994; Lukas/Stark 1985). Grundsätzlich ist es schwer zu beurteilen, inwieweit Hoffnungen auf ein Erbe einen Motivationsgrund zur Tätigung der Rücküberweisungen darstellen. Untersuchungen bei MigrantInnen aus Tonga und West Samoa in Sydney haben aber bestätigt, dass ein Selbstinteresse von MigrantInnen besteht, das sie zu Geldüberweisungen veranlasst. Dieses besteht wiederum vor allem darin, dass MigrantInnen in der Zukunft in ihrer Herkunftsgesellschaft investieren wollen (Vgl. Brown 1977).

Um das Motiv der Selbstinteressen weiter zu untermauern, gehen Straubhaar/Vadean (2006) davon aus, dass MigrantInnen Geld nach Hause überweisen, weil sie in der Zukunft wieder nach Hause zurückkehren wollen. Dabei geht es vielen darum, sich in ihrer Heimat einen Besitz zu sichern, damit sie für ihre mögliche Zukunft in Form einer Immobilie oder ähnlichem vorsorgen können. Demnach ist das Selbstinteresse auch eine wichtiger Punkt in der Suche nach Überweisungsmotiven.

4.4.3. Abkommen innerhalb der Familien

In manchen Familien wird zunächst gemeinsam überlegt, welches ihrer Sprösslinge als MigrantIn in ein Industrieland auswandern soll, um Geld zu verdienen und somit die Familie zu unterstützen. Viele dieser Familien stellen dem Kind ihr gesamtes Geld zur Verfügung, um diesem die Ausreise zu ermöglichen. Diese MigrantInnen sind dann sozusagen durch ein familiäres Abkommen ihrer Familie gegenüber verpflichtet, Geld zu verdienen und dieses dann zurück zu schicken. Bei dieser Variante spielen Altruismus und Eigeninteresse der MigrantInnen nur eine untergeordnete Rolle. Lukas/Stark (1985) weisen ebenfalls darauf hin, dass, (…) in this model, remittance determination is placed in a Family framework of decision-making with remittances being endogenous to the migration process. For the household as a whole, there may be a Pareto-superior strategy to allocate certain members as migrants, and remittances should be the mechanism for redistributing the gains (…)".

Durch die Rücküberweisungen der im Ausland lebenden MigrantInnen kommt es zu einer globalen Umverteilung von Ressourcen. Mit hereinkommenden Mitteln können Familien in den Entwicklungsländern Bereiche, wie zum Beispiel den Bereich Bildung oder Gesundheitsversorgung, abdecken, was ihnen ohne diese Gelder nicht möglich wäre. Der Empfang der Auslandsüberweisungen macht auch die Kaufkraft dieser Familien stärker und kann ihnen helfen, Engpässe zu überwinden. Laut Lukas/Stark (1985) zeigen Untersuchungen in Botswana, dass Familien mit einer Landwirtschaft in einer Dürreperiode deutlich mehr Überweisungen erhalten.

4.4.4. Geldüberweisungen als Zukunftsvorsorge

Manche MigrantInnen schicken deshalb Geld nach Hause, um für sich selber eine Zukunftsvorsorge zu treffen. Da die meisten in der Diaspora lebenden MigrantInnen immer mit dem Gedanken spielen, irgendwann wieder nach Hause zurück zu kehren, wollen sie sich in ihrer Heimat eine Existenz sichern für die Zeit nach der Diaspora.

Diese Form der Zukunftsvorsorge „erlernen" MigrantInnen meist in der Aufnahmegesellschaft und wenden diese dann für ihrer Herkunftsgesellschaft an. Dahinter verbergen sich meistens soziokulturelle Werte, wie das Ansparen von Geld für eine Vorsorge in die Zukunft, die durch Geldüberweisungen übermittelt werden. Zukunftsvorsorge und das Anlegen von Ersparnissen sind in der Regel nicht die alltäglichen Werte, mit denen MigrantInnen aus Entwicklungsländern aufgewachsen sind, denn in vielen dieser Gesellschaften sind andere Alltagsprobleme im Vordergrund. Durch das Ansparen von Geld und das Überweisen zeigen sie ihrer Herkunftsgesellschaft, dass es noch andere Werte und Normen gibt und dass sie diese inkorporiert haben. Manche MigrantInnen aus wirtschaftlich schwachen Ländern leiten ihre Familien dazu an, mit den Geldüberweisungen konkrete Investitionen zu tätigen, die die Herkunftsfamilie ohne diesen Einfluss nicht kennen würde. Bei der Höhe dieser Ersparnisse spielt auch wieder die Höhe der Einkommen der MigrantInnen eine bedeutende Rolle. Ebenso dazu zeigen Galor/Stark (1990), dass „ (…) Temporary migrants might have higher incentives to remit to those left behind than perminant migrants".

Demnach hängt die Höhe der Überweisungen – wie bereits oben erwähnt – von der Dauer des Aufenthalts in der Aufnahmegesellschaft ab; je länger Migranten in Aufnahmegesellschaft leben, desto weniger Geld überweisen sie nach Hause (Vgl. auch Merkle/Zimmermann 1992). Durch das Überweisen und den damit verbundenen Spar- und Vorsorgegedanken kann es auch zu einen interkulturellen Wertetransfer von der Aufnahme- in die Herkunftsgesellschaft kommen, da solche Praxen in wirtschaftlich schwachen Ländern häufig unbekannt sind. In der Herkunftsgesellschaft kann es dabei auch zu einer effektiven Nutzung zB in Form nützlicher Investitionen der Remittances kommen, insofern die Familien mit den MigrantInnen in Kontakt stehen.

5. Praxis der Remittances

5.1. Die häufigsten Transferkanäle

Damit MigrantInnen ihrer Geldbeträge überweisen können, benötigen sie verschiedene Kanäle. Es existieren sowohl formelle als auch informelle Kanäle. Am häufigsten werden informelle Kanäle benutzt, weil diese mit den geringsten Kosten verbunden sind. Im folgenden werden jene Transferkanäle dargestellt, von welchen die Aufnahmegesellschaften am meisten profitieren.

In der Regel sind es Banken oder internationale Geldtransfer-Einrichtungen wie Western Union oder Moneygram, die als formale Transferkanäle fungieren. Diese profitieren durch die Geldüberweisungen der MigrantInnen ganz erheblich, da jede Überweisung mit Kosten und Spesenverrechnung verbunden ist. Die Kosten für einen Geldtransfer orientieren sich an der Höhe der zu überweisenden Betrages. Wirtschaftlich gesehen stellen die Überweisungen für diese Institute eine lukrative Einnahmequelle dar. Ein Teil der Geldsendungen verbleibt daher zunächst im Aufnahmeland, weil vom gesendeten Betrag gleich ein gewisser Prozentsatz für die Leistung des Versendens abgezogen wird. Diese Beträge tragen somit wieder am Wirtschaftsaufkommen im Aufnahme- und nicht im Herkunftsland bei. Von den angewiesenen Geldbeträgen kommt dann erst der übrig gebliebene Rest am Bestimmungsort im Herkunftsland an.

5.2. Weitere Arten von Transferkanälen

Internationale MigrantInnen benützen aber noch weitere Kanäle zur Rücküberweisung von Geld in ihre Heimat. Eine häufige informelle Praxis ist die Übergabe von Geldbeträge durch persönliche Übergabe über eine dritte Person. Besonders im arabischen Raum ist die teilweise verbotene Praxis eines Geldhändlers, eines „Hawalas" üblich; dabei wird Geld von einer Person A an einen Vertrauensmann „Hawalada" übergeben, welcher in Kontakt mit einem solchen am Bestimmungsort steht, welcher das Geld an die Empfänger auszahlt. Zur Authentifizierung wird zwischen Geber und Empfänger ein Code vereinbart. Insbesondere MigrantInnen aus Asien insbesondere aus dem arabischen Räumen benützen dieses System der Überweisung. „Hawala" bedeutet in Pakistan oder Bangladesh „Überweisung" aber auch „Vertrauen". Aber auch aus Indien oder China sind ähnliche Praxen bekannt wie beispielsweise „Hundi", dies bedeutet Sammeln in Indien und ist ein Transfersystem ähnlich eines Schecks in Europa sowie „fei`ein", was bedeutet „das fliegende Geld" oder „Chits/Chops" in China (Vgl. Straubhaar/Vadean 2006: 21).

Da diese Transfers in informeller Form ohne Schriftlichkeit erfolgen und somit nicht mehr nachvollziehbar für Behörden uä sind, sind sie in vielen Ländern verboten. Western Union und Moneygram funktionieren zwar in gleicher Weise, sind aber formell aufgebaut und deren Geldtransfers daher nachvollziehbar (Vgl. Straubhaar/Vädean 2006: 20).

In den ärmsten Entwicklungsländern ist nach Orozco (2002) die üblichste Art Geld zu transferieren, die persönliche Mitnahme von Geld oder das Beauftragen eines Geldkuriers, weil diese Methoden für die einzelnen Personen am kostengünstigsten sind. Dazu werden Bekannte oder Personen aus der gleichen Herkunftsfamilie oder -gesellschaft beauftragt, um das Geld an den Bestimmungsort zu bringen. Diese Art ist natürlich mit gewissen Risiken verbunden, ist aber jene Form, in der weder Zinsen noch Spesen anfallen. Suro et al. Bestätigen, dass nicht nur MigrantInnen aus den ärmsten Entwicklungsländern Afrikas informelle oder persönliche Geldüberweisungen tätigen, auch aus Lateinamerika werden etwa 10 % aller Geldtransfers auf diese Art und Weise abgewickelt. Auch etwa 50 % der Personen aus der Diaspora der Roma nützen diese informelle Methode der Rücküberweisungen (Vgl. IOM 2004).

Informelle Überweisungen verursachen demnach am wenigsten an Nebenkosten, da sie in der Regel nicht von Banken oder Geldinstituten abgewickelt werden. Der gesamte Geldbetrag kommt demnach dem Empfänger zugute.

5.3. Western Union und Moneygram

Als am weitesten verbreitete formelle Geldtransfer-Kanäle treten Western Union und Moneygram auf, um die Rücküberweisungen der MigrantInnen durchzuführen (Vgl. Straubhaar/ Vadean 2006: 21). Bei Western Union kann ein Geldtransfer online mit Kreditkarte, via Bankkonto oder durch Bareinzahlung eines Geldbetrages bei einem Vertriebsstandort versendet werden und die Empfänger können das Geld in Bar an dem Western Union Vertriebsstandort abholen. Das Geld trifft nach Bewilligung dort in wenigen Minuten ein. Auf diese Weise kann auf schnellste Art und Weise international Geld versendet werden. Western Union und Moneygram werden hauptsächlich von ArbeitsmigrantInnen verwendet, um Geld ihre Herkunftsländer zu schicken. Nach Orozco (2002) hat Western Union einen globalen Weltmarktanteil von 26% und betreibt Filialen am mehr als 170 Standorten weltweit. Die Kosten für die Transfers divergieren von Land zu Land.

5.4. Nutzen der Geldtransfers für die Aufnahmegesellschaft?

Vielfach besteht die Meinung, dass migrantische Geldüberweisungen dazu führen, dass aus wirtschaftlich stärkeren Staaten Geld in wirtschaftlich schwächere Länder abfließt und diese Geldflüsse lediglich den Herkunftsländern der MigrantInnen zunutze kommen und diese Gelder dann den Staatskassen der Aufnahmestaaten fehlen. Diese Meinung wird vielfach von den Aufnahmegesellschaften vertreten und Auslandsüberweisungen von MigrantInnen als unerwünschte „Löcher" im Finanzsystem angesehen. Vertreter dieser Ansicht übersehen dabei aber häufig, dass schon primär der Transfer der Gelder an sich, zum größten Teil sich wirtschaftlich positiv in den Zielländern auswirkt. Denn bereits beim bloßen Versenden des Geldes verdienen bereits die Transferleister in den Aufnahmegesellschaften und somit die Aufnahmegesellschaften. Häufig sind dies bis zu 10 % oder sogar mehr des versendeten Betrages. Gebühren und Spesen für Geldtransfers sind den Preislisten des jeweiligen Anbieters zu entnehmen. Noch bevor das Geld in den Herkunftsfamilien angekommen ist, haben daran bereits Firmen aus den Aufnahmestaaten verdient. Dies ist die primäre (positive) Auswirkung der migrantischen Remittances auf die Aufnahmegesellschaften. Zu den sekundären und nachhaltigen Auswirkungen in den Aufnahmegesellschaften gleich unten.

6. Auswirkungen und nachhaltige Entwicklungen

Es ist zu beobachten, dass migrantische Geldüberweisungen eine wesentliche Rolle sowohl in der Herkunfts- als auch in der Aufnahmegesellschaft spielen. Die Auswirkungen sind in verschiedenen unterschiedlichen Bereichen der Gesellschaft erkennbar. Remittances ermöglichen den MigrantInnen eine Möglichkeit der Sozialisation und des Integrationsprozesses. Einflüsse aufgrund von migrantischen Überweisungen passieren sowohl in wirtschaftlicher als auch in kultureller Hinsicht.

6.1. Wirtschaftliche Aspekte
6.1.1. Einkommensverteilung

Durch migrantische Überweisungen fließen Gelder von Staaten mit höherem Einkommen in Staaten oder Regionen mit geringerem Einkommen. Die von den ausgewanderten Familienmitgliedern überwiesenen Geldbeträge tragen in wirtschaftlich schwachen Familien in der Regel zum Haushaltseinkommen bei. Daher kommt es durch migrantische Geldüberweisungen zu einer Aufteilung von Einkommen in globaler Hinsicht. Insbesondere Familien aus ärmeren Regionen der Erde haben dadurch die Möglichkeit zu Geld zu kommen, was ihnen durch eigene Anstrengung nicht möglich sein würde. Das Geld, das von ausgewanderten Familienmitgliedern zurückgeschickt wird, kommt der Familie in vollem Umfang zugute. Gewisse Ungerechtigkeiten können sich dabei aber in den Herkunftsgesellschaften abermals ergeben. Gerade reichere Familien können es sich eher leisten, einen oder eine ihrer Sprösslinge in ein reicheres Land reisen zu lassen, um zu Geld zu kommen.

Dennoch ist aber zu beobachten, dass sich innerhalb der Familien, die Geldüberweisungen von Familienmitgliedern erhalten, die Lebensumstände bessern.
Auch nach Ahlburg (1966), Taylor und Wyatt (1996) und Taylor (1999) zeigen migrantische Überweisungen einen positiven Effekt in der Einkommensverteilung. Studien aus Tonga und Mexiko haben dieses Phänomen ebenfalls belegt. Die überwiesenen Gelder werden verwendet, um die Kinder in die Schule zu schicken oder Investitionen in anderen Bereichen zu tätigen, die der gesamten Herkunftsgesellschaft zugute kommen.

6.1.2. Wirtschaftswachstum

Die Empfängerfamilien nutzen migrantische Geldüberweisungen im privaten Bereich insbesondere für Bildung aber auch für Konsum. Dieser Umstand kann in der Herkunftsgesellschaft wiederum vermehrt zu wirtschaftlichem Wachstum führen. Vermehrte finanzielle Mittel für Bildung führen in weiterer Folge zu großflächiger Bildung innerhalb einer Gesellschaft. Migrantische Geldüberweisungen sind daher in der Lage in einem unterentwickelten Land quasi eine Aufwärtsspirale herbeiführen, indem Sinn, dass mehr Geld, bessere Bildung wiederum dazu führt, dass gut gebildete Menschen entweder im Inland etwas bewirken oder als MigrantInnen das Land verlassen usw. Migrantische Geldüberweisungen können somit zu einem Wirtschaftswachstum in der Herkunftsgesellschaft beitragen.

Auch nach Ratha 2003, Taylor 1999 und Quibria 1997 bringen migrantische Geldtransfers als eine Art Katalysator zusätzliche Investitionen im Land und somit Wirtschaftswachstum. Migrantische Geldüberweisungen dienen als Multiplikator für Wachstum, wenn dieses Geld in längerfristige Projekte oder in Bildung investiert wird. Dieses Wachstum stellt auch für die Aufnahmegesellschaft einen Benefit dar.

6.1.3. Stabilisierung der Zahlungsbilanzen

Remittances tragen demnach nicht nur einen Beitrag zum Haushaltseinkommen der Empfängerfamilien bei, sondern auch zum gesamten Staatseinkommen in den Empfängerstaaten und wirken sich damit positiv auf die Haushaltsbilanzen der Empfängerstaaten aus. Laut Ambrosius et al. (2008: 3) tragen Remittances auf der Makroebene dazu bei, Probleme in Form von Devisenknappheit zu mildern, ohne dass die Länder ein Verschuldungsrisiko eingehen müssen. Auf diese Weise können die transnationalen Geldströme das Handels- sowie das Leistungsbilanzdefizit verringern sowie es den Empfängerstaaten ermöglichen, dauerhaft mehr zu importieren als exportieren. Remittances sind dabei – im Vergleich zu anderen Kapitalflüssen – in der Lage, sich sowohl positiv als auch stabilisierend auf die Zahlungsbilanzen auszuwirken. Die Stabilität dieser Einkommen ist dadurch begründet, dass Remittances im Gegensatz zu anderen Investitionsgeldern nicht zurückzuzahlen sind. Im Gegensatz zu anderen Direktinvestitionen fallen bei Remittances auch keine Zinsen an, weshalb sich für die Empfängerstaaten aufgrund von Remittances kein Zwang ergibt (Vgl. Buch et al., 2002; Buch /Kuckulenz 2004; Nayyar 1994); Straubhaar 1988).

6.1.4. Wirtschaftlicher Impact auf die Aufnahmegesellschaft

Auch für die Aufnahmegesellschaft können diese Überweisungen ein Vorteil sein, da sie dadurch eine effektivere und effizientere Entwicklungshilfe leisten, als wenn Regierungsorganisationen mit Entwicklungshilfeprojekten unterstützt werden, deren Verwaltungsapparate großen Mengen an Entwicklungshilfe-Geldern verschlingen und diese Gelder am wenigsten jenen Menschen zugutekommen, die es am dringendsten brauchen. Überweisungen von MigrantInnen kommen jedenfalls den einfachen Menschen in ärmeren Regionen zugute ohne wie auch immer geartete unüberschaubare Abzüge und Spesen. Durch die Verwendung der Gelder für Bildung oder Gesundheit wird damit ein Beitrag geleistet, der als Ersatz für fehlende staatliche Hilfen dient.

Für arbeitende MigrantInnen ist diese Form der Entwicklungshilfe eine große Genugtuung und vielen macht es Freude und ein gutes Gefühl, zu wissen, dass sie damit ihre Familie unterstützen können. Dieser Antrieb, den MigrantInnen dadurch haben, nützt der Aufnahmegesellschaft in positiver Weise.

In der Aufnahmegesellschaft der MigrantInnen spielen Remittances auch eine stabilisierende Rolle, weil es durch die Remittances zu einem höheren Verbrauch an Gütern in den Empfängerstaaten kommt. Diese Güter wiederum steigern den Export aus Staaten, aus denen die migrantischen Rücküberweisungen stammen. Durch dieses Wechselspiel fließt ein Teil des überwiesenen Geldes wieder in die Aufnahmegesellschaft zurück. Dabei werden in den Aufnahmegesellschaften zusätzliche Vorteile in nachhaltiger Weise erzielt. Auf die primären Vorteile anlässlich des Geldtransfers wurde ja oben schon eingegangen.

6.1.5. (effektiverer) Ersatz für staatliche Entwicklungshilfe?

Migrantische Remittances fließen nicht – im Gegensatz zu staatlicher Entwicklungshilfe – von einem Staat zu einem anderen Staat sondern vielmehr von Privatpersonen (-initiativen) zu Privatpersonen. Darin liegt wohl der gravierendste Unterschied zur staatlich organisierten Entwicklungshilfe. Dass migrantische Überweisungen möglicherweise bis zu das Dreifache der offiziellen Entwicklungshilfen ausmachen, wurde oben bereits erwähnt.

In der Form der Überweisung von privat zu privat liegt sowohl der größte Vorteil der migrantischen Remittances aber es ist darin auch ein Nachteil zu sehen. Durch die Überweisung direkt an Familien oder Privatpersonen ist die Gefahr nicht gegeben, dass das Geld in undurchsichtigen Kanälen, durch mafiöse Organisationen oder durch korrupte

Staatsapparate verschwindet. Der Nachteil ist darin zu sehen, dass die Überweisungen in keinster Weise anhand sozialer Kriterien vorgenommen werden, sondern lediglich von Familie zu Familie gehen. Insbesondere Familien in Krisengebieten, die keine Angehörigen im Ausland haben, werden dabei nicht berücksichtigt. Andere Familien, denen es aus irgendwelchen Gründen nicht möglich ist, Mitglieder in das Ausland zu schicken, erhalten auf diese Art und Weise ebenfalls keine Unterstützung. Organisierte Hilfen könnten diese Ungleichheiten möglicherweise ausgleichen.

Der größte Vorteil und die damit einhergehende Effekivität der migrantischen Remittances ist aber in der Informalität und in der Direktheit sowie in der Unabhängikeit von Regimes, Staaten oder von sonstigen Verwaltungsstrukturen zu sehen.

6.2. Transnationale und transkulturelle Aspekte

Nach Van Haar (2002: 221) sind Remittances ein großer ökonomischer Faktor, außerdem ist in den Remittances die Manifestation des Transnationalismus zu erblicken. Van Haar betrachtet Geldüberweisungen als „two-way-exchanges" woraus nicht nur die Herkunfts-gesellschaft sondern auch die Aufnahmegesellschaft der MigrantInnen profitiert. Remittances haben dabei eine duale Funktion in beiden Gesellschaften der MigrantInnen. Diese Effekte spielen sich nicht nur auf der monetären Ebene ab, Remittances haben auf eine andere Art und Weise Einfluss, der von der Aufnahme- in die Herkunftsgesellschaft übergeht und umgekehrt. Dabei kommt es zu einer Form des Transnationalismus, weil die MigrantInnen, insbesondere jene, die in der Diaspora leben, beide Identitäten besitzen. Im Laufe der Zeit inkorporieren diese die Werte und Normen der Aufnahmegesellschaft und orientieren sich in ihren Handlungen daran. Diese neuen, in der Aufnahmegesellschaft erworbenen Erkenntnisse werden den Familien mitgeteilt. Den Familien wird dabei häufig auch mitgeteilt, wie sie das überwiesene Geld verwenden können und welche Möglichkeiten es dabei noch gibt. Die transnationale Kommunikation innerhalb der MigrantInnen-Familien in Form von Briefen oder Telefonaten spielt daher eine wesentliche Rolle im Transnationalismus bzw. in der Transkulturalität. In der Aufnahmegesellschaft neu erworbenes Wissen wird durch die MigrantInnen meist in Verknüpfung mit Remittances an die Herkunftsgesellschaft übermittelt und transformiert.

Ebenso dazu erklärt Castles (2002: 1158), dass „(…) ist possible that transnational affiliations and consciousness will become the predominant form of migrant belonging in their future. This would have far-reaching consequence".

Transnationale Geldüberweisungen können somit als eine Art Reproduktion der Transnationalität betrachtet werden, weil durch die Überweisungen und die damit verbundenen Anweisungen mögliche sozio-kulturelle Aspekte der Aufnahmegesellschaft in die Herkunftsgesellschaft übermittelt, dort inkorporiert und reproduziert werden. Dieser Aspekt des sozialen Konstruktion durch MigrantInnen anhand von Überweisungen lässt die Werte und Normen der Aufnahmegesellschaft in die Herkunftsgesellschaft hinein fließen. Damit wird eine gemeinsame Basis auf globaler Ebene hergestellt, die möglicherweise auf multilateraler wirtschaftlicher Ebene eine große Rolle spielen kann. Diese Ansätze der Transkulturalität werden am meisten von in der Diaspora lebenden MigrantInnen sowie von Diasporagemeinschaften hergestellt.

6.3. Ausblick

In den Aufnahmegesellschaften werden – wie bereits oben angeführt – migrantische Geldtransfers jedoch häufig als negativ bewertet und es wird angenommen, dass es dadurch zu einem Kapitalabfluss kommt und dies für die Aufnahmegesellschaft der MigrantInnen einen wirtschaftlichen Nachteil darstellt. Um diesen – auf den ersten Blick – Nachteil auszugleichen bedürfte es einer effektiven (Entwicklungs) Zusammenarbeit zwischen der Herkunftsgesellschaft und der Diaspora, von der das Geld herkommt. Bei dieser Zusammenarbeit soll es darum gehen, die Geldüberweisungen zu koordinieren und möglichst effektiv einzusetzen. Wenn diese Transfers effektiv genützt werden würden, könnte zwischen der Aufnahmegesellschaft und der Herkunftsgesellschaft eine wirtschaftliche Liaison in Form eines wirtschaftlichen und intellektuellen Austauschs entstehen, der beiden Seiten nützen könnte. MigrantInnen in der Diaspora fungieren dabei gleichsam als „DoppelbrückenbauerInnen", weil sie beide Gesellschaften kennen und sich in beiden Gesellschaften zurecht finden.

7. Die Diaspora

Nach Ruth (2005: 8) stammt der Begriff Diaspora aus dem Griechischen und bedeutet „Zerstreuung" oder „Verbreitung". Der Begriff Diaspora wird ebenso verwendet für ethnische Gruppen, die zwangsweise ihre traditionelle Heimat verlassen mussten und zerstreut sind über andere Teile der Welt.

Diaspora wird aber auch verwendet für die Bezeichnung einer Minderheit von Menschen, die einer bestimmten Religionsgruppe angehören innerhalb einer Mehrheit. Ursprünglich meinte die Bezeichnung Diaspora speziell das Volk der Juden das 586 v. Chr. (als Oberschicht) von Judäa durch die Babylonier exiliert und 135 durch die Römer über das gesamte römische Reich verstreut wurde. Seit der frühen Neuzeit wird der Begriff auch auf konfessionelle Minderheiten des Christentums bezogen (Vgl. Uni-Protokolle.de).

Darüber hinaus werden migrantische Vereine ebenfalls als Diaspora bezeichnet, insbesondere dann, wenn diese Vereine aktiv sind, in der Form, dass ihre Aktivitäten ihrer Herkunftsgesellschaft zugutekommen. Häufig geschieht die Hilfe für ihre Herkunftsgesellschaft in Form von internationalen Geldüberweisungen.

7.1. Rolle und Funktion der Diaspora

Die Diaspora sowie die -gemeinschaften haben eine bedeutende Rolle sowohl für die Aufnahmegesellschaften wie auch für die Herkunftsgesellschaft inne. Das Potential dieser Gemeinschaften liegt vor allem darin, dass Menschen in der Diaspora beide Gesellschaften gleich gut kennen und sich in jeder Gesellschaft zurecht finden. Diasporagemeinschaften sind häufig gut vernetzt und es finden sich darin gut ausgebildete und intelligente Personen, die durch Migration aber auch durch Kenntnis von mindestens zwei Gesellschaften über ein hohes Potential verfügen. Diese Personen sind attraktive Partner sowohl für die Aufnahmegesellschaft wie für die Herkunftsgesellschaft. Das Know-How dieser Personen wird in der Aufnahmegesellschaft in Form von Schlüsselarbeitskräften zunutze gemacht. Die Herkunftsgesellschaft profitiert ebenfalls davon, weil ein Gutteil des Einkommens dieser Personen als Rücküberweisungen wieder in das Herkunftsland gelangen. Zwischenstaatlich gesehen leisten diesen Personen einen wichtigen Beitrag zur Entwicklungszusammenarbeit und nehmen daher den Staaten einen Teil ihrer Verpflichtungen ab.

Schon Kohler wies darauf hin, (…) dass das Geld von Migranten nicht nur für alltägliche Grundbedürfnisse verwendet, sondern häufig auch in Bildung und Gesundheit investiert wird. In Südafrika beispielsweise steigt die Wahrscheinlichkeit, dass ein Kind die Schule besucht, um 30 Prozent, wenn die Familie Remittances erhält. Oft dienen die Geldtransfers zur Vorsorge und sozialen Absicherung der EmpfängerInnenfamilien. Damit unterstützen die Überweisungen der Migranten im Grunde die gleichen Zielen wie die klassische Entwicklungshilfe: die Armutsminderung".

Wie oben erwähnt sind viele MigrantInnen in Diasporagemeinschaften wie zum Beispiel in Vereinen aktiv und unterstützen durch diese Aktivitäten Projekte in ihren Herkunftsländern. Häufig sind dies Projekte, die sich mit den Themen Bildung, Gesundheit oder kulturellem Austausch beschäftigen. Ein Beispiel für eine solche Privatinitiative ist der Hilfsverein Baileke mit Sitz in Linz, gegründet von Eddy Bruno Esien.

7.2. Der Diaspora-Verein „Hilfsverein Baileke (HIBA)"
7.2.1. Gründung und Ziele

Der Hilfsverein Baileke war eine Initiative, um bedürftige Menschen in Kamerun, genauer im Dorf Bai Bikome, zu unterstützen. „Der Hilfsverein Baileke (HIBA) wurde vom Autor der vorliegenden Arbeit im Jahr 2011 gegründet. Der Hauptzweck des Vereins, dessen Tätigkeit ausschließlich, gemeinnützigen, humanitären und wohltätigen Zielen dient und nicht auf Gewinn gerichtet ist, bezweckt vorwiegend die Bildung und Förderung von Kindern, Jugendlichen und jungen Erwachsenen in Kamerun und Österreich, sowie deren Eltern und deren jeweilige Schulen. Die Tätigkeit des Vereins beinhaltet folgende Schwerpunkte:

- Bildungschancen erhöhen und Aufstiegschancen im beruflichen Leben, sowie neue Perspektiven eröffnen;
- Instandhaltung und Sanierung von Schulen;
- Alphabetisierung fördern, insbesondere durch Unterstützung einzelner Familien durch Bezahlung des Schulgelds der Kinder, Anschaffung von Schulmaterialien usw;
- Nachhaltige Hilfe zur Selbsthilfe durch landwirtschaftliche Projekte
- Unterstützung in persönlichen, wirtschaftlichen, rechtlichen und sozialen Belangen;
- Förderung des Zusammenlebens in der Gemeinschaft;
- Verbesserung der gesellschaftlichen Integration und der beruflichen Qualifikation;
- Verbesserung der Wohnsituation und der Lebensbedingungen;

Das gilt im Besonderen für Aufgabenbereiche, die bisher nicht oder nicht ausreichend von anderen gesellschaftlichen Einrichtungen wahrgenommen wurden. Bei allen Aktivitäten soll auf größtmögliche Eigenaktivität und Eigenverantwortung der Helfenden geachtet werden. Des weiteren soll durch den Verein der interkulturelle Austausch zwischen Menschen im europäischen Raum und Kamerun gefördert werden" (Auszug aus den Vereinsstatuten).

Durch dieses Projekt will der Autor – als nunmehr in der Diaspora lebender Migrant – seine Unterstützung für seine Herkunftsgesellschaft anbieten. Die Rolle der Diaspora entsprechend dient diese auch dazu sich unter den MigrantInnen gegenseitig zu unterstützen. Dies wurde bereits verwirklicht durch die Mitarbeit an Integrationsprojekten (Vgl. Zusammen – Österreich).

Abbildung 2: Verteilung und Freude der Kinder in Bai Bikom (Kamerun)

(Vgl. Hilfsverein Baileke: Home) www.hiba.at.

In der Vereinsarbeit zeigt sich, dass migrantische Remittances einen wichtigen Faktor in beiden Gesellschaften darstellen. Die Diaspora und ihren Aktivitäten bietet demnach eine wichtige Geldquelle für die Regionen, für die sich engagiert wird. Am Beispiel Bai Bikom zeigt sich praktisch, wie die Entwicklung durch Remittances voranschreiten kann. Auch soll das Projekt den interkulturellen Austausch zwischen Kindern und Jugendlichen in beiden Gesellschaften fördern

7.2.2. Das Schulprojekt in Bai Bikom

Das Schulprojekt wurde als Pilot Projekt des Vereins Baileke gestartet und ist das größte Projekt des Vereins. Das Projekt wurde im Jahr 2011 angefangen und finanziert sich aus Spenden und Sponsorgeldern, die durch formelle und informelle Transfers zum Bestimmungsort gelangen. Auch hier werden migrantische Rücküberweisungen durchgeführt, um Entwicklungen in einem sehr abgelegenen Dorf zu ermöglichen. Das von den MigrantInnen in der Aufnahmegesellschaft erworbene Wissen wird durch den Verein den Dorfbewohnern vermittelt. Das Wissen aus der Aufnahmegesellschaft lässt sich dadurch gut in die Herkunftsgesellschaft übertragen und sich dort verbreiten. Da das Schulprojekt von einem in der Diaspora lebenden „Auswanderer" geleitet wird, kann sich das Projekt punktgenau an den Bedürfnissen der DorfbewohnerInnen orientieren.

7.2.2.1 Projektvorhaben

Als erstes und vordergründigstes Projekt ist die Sanierung und der Ausbau des sehr desolaten Schulgebäudes der Grundschule in Bai Bikom. Vom Chef des Dorfes und den Dorfmitgliedern wurde ein etwa 1,3 ha großes Grundstück nahe des Dorfzentrums zur Verfügung gestellt, auf dem das neue Schulgebäude errichtet wird.

Abbildung 3: CBC Bai Bikom (Kamerun)

Quelle: Hilfsverein Baileke-Projekte = http://hiba.at/?page_id=22 *:Projekte*

Die dort zu errichtende Schule entspricht in etwa einer Volksschule und Unterstufe. Die Kinder in Bai Bikom besuchen diese Schule von der ersten bis zur sechsten Klasse. Derzeit beläuft sich die SchülerInnenanzahl auf etwa 150 Buben und 280 Mädchen. Bis dato werden die Schüler auf dem Boden sitzend unterrichtet, es gibt weder ein Zimmer für die Lehrer noch Tische und Bänke. Schreibmaterialien und Schulsachen gibt es so gut wie gar nicht.

Das geplante Projekt ist in seiner Ausführung in 5 Phasen aufgeteilt. In der ersten Phase wurden die SchülerInnen mit Rucksäcken, Schulmaterialien sowie mit Büchern und Kleidung ausgestattet. Hier wurden Remittances in Form von Sachgütern getätigt. Die Güter wurden in informeller Weise nach Kamerun verbracht mittels Privatgepäck.

In der zweiten Phase wird die an die Schule angrenzende Freizeitanlage saniert und darauf ein Fußball-, ein Volleyball- sowie ein Handballfeld errichtet und der Platz mit Toren und Netzen ausgestattet. Als nächstes wird ein an die Schule angeschlossener kleiner landwirtschaftlicher Betrieb in Form eines Hühnerstalls und eines Gartens angelegt. Die Wasserversorgung des Betriebes ist durch den angrenzenden Fluss gesichert. Die kleine Landwirtschaft soll Erträgnisse abliefern, die es der Gemeinde möglich macht, die Schule auch in der Zukunft zu erhalten.

In der letzten Projektphase wird das Schulgebäude selber errichtet in Form eines langen flachen Gebäudes mit Veranda, worin sechs Klassenzimmer und zwei weitere Räume Platz finden. Das Projekt wird mit einer Feier und einer „Einweihungszeremonie" abgeschlossen, wobei die Schule offiziell an die Gemeinde Bai Bikom übergeben wird.

Durch das Projekt wird die DoppelbrückenbauerInnen-Funktion der Diaspora deutlich sichtbar. Im Aufnahmeland Österreich ist der Verein tätig und erzielt mit seinen Aktivitäten Einnahmen. Diese Einnahmen fließen in Form von Sach- oder Geldspenden an die Herkunftsgesellschaft nach Kamerun zurück. Gleichzeitig sind diese Remittances aber an bestimmte Anweisungen gebunden. Das Geld und die Waren werden nicht in unorganisierter Weise überwiesen. Das ganze Projekt wird in Zusammenarbeit des Vereins mit den Menschen im Dorf und den örtlichen Institutionen geschehen. Die Menschen vor Ort bekommen konkrete Aufträge, in welcher Art und Weise die Waren und Geldspenden verwendet werden dürfen. Für die Umsetzung die Projekts, sprich den Aufbau selber, sind die Menschen vor Ort verantwortlich. Basis dieser Aufträge ist jedoch das in der Aufnahmegesellschaft erworbene Wissen um die Möglichkeiten von Investitionen, denn die zurückgebliebenen Menschen würden sich damit begnügen, in ihrem alten Schulgebäude zu unterrichten.

Durch das Leben in der Diaspora erlangen MigrantInnen Wissen und Kenntnisse, die sie dann in ihrer ursprünglichen Gesellschaft umsetzen können. Das Projekt in Bai Bikom ist Ausfluss des Lebens einer Person aus der Herkunftsgesellschaft in der Diaspora. In diesem Sinn kann das Leben in der Aufnahmegesellschaft einen Einfluss haben auf das Leben in der Herkunftsgesellschaft.

7.2.2.2 Zielsetzung des Hilfsvereins „Baileke"

Das gesamte Projekt Hilfsverein Baileke verbindet Mitglieder der Diaspora und StudentInnen mit Studienschwerpunkt Bildungs-, Entwicklungs- und Migrationssoziologie an der Universität Linz. Es hat sich gezeigt, dass das Projekt die bisher erworbenen Kenntnisse von Diaspora in Entwicklungssoziologie, insbesondere mit dem Augenmerk auf Hilfe zur Selbsthilfe umzusetzen vermag. Als besonderes Anliegen des Vereins gilt die Miteinbeziehung der dörflichen Bevölkerung in Bai Bikom. Der Autor und Vereinsobmann Esien kennt die Gesellschaft vor Ort genau aufgrund seiner Doppelidentität. Er weiß daher auch, was in der Herkunftsgesellschaft als Entwicklungszusammenarbeit verstanden wird. Besonders wichtig erscheint in diesem Zusammenhang die Eigeninitiative, die Eigenverantwortung sowie die Selbstständigkeit der Menschen im Dorf. Da das Dorf sehr abgelegen ist, ist es in erster Linie ein Anliegen, neue Ideen und die Verbesserung der Bildung in das Dorf „hineinzutragen" und vor allem die dort lebenden jungen Menschen und die Eltern zu motivieren, selber aktiv tätig zu werden. Ein weiteres wichtiges Ziel ist die Mitarbeit der Dorfbewohner währende des gesamten Projekts und die Mitbestimmung der SchülerInnen an der Umsetzung der Vorhaben. Die Kinder sollen dadurch nicht nur Bildung sondern in erster Linie vermehrt Selbstbewusstsein erlangen. Auch dieses Wissen und die Umsetzung ist ein weiteres Element, das durch das Leben als Migrant erworben wurde und welches aus der Beobachtung und dem Studium beider Gesellschaften zur Erkenntnis gelangte.

7.2.2.3 Interkultureller Austausch

Teil des Projekts – wie oben angeführt – ist der interkulturelle Austausch zwischen der österreichischen und der kamerunischen Gesellschaft. Dies geschieht unter anderem dadurch, dass Kinder aus Österreich mit Kindern in Bai Bikom in brieffreundschaftlichen Kontakt treten und sich auf diesem Weg kennenlernen und austauschen können. Kinder sollen dadurch die Vielfältigkeit der Welt kennen und die Wahrnehmung anderer Kulturen bewusster erleben lernen. Durch dieses Projekt sollen an sich fremde Kulturen näher aneinander gebracht werden und sich besser kennenlernen. Für die Kinder soll dieses Projekt eine Hilfe zum Erlernen sozialer Kompetenz sein.

7.2.2.4 Praktikum in Bai Bikom

Für Studierende wurde die Möglichkeit geschaffen, ein Auslandspraktikum in Kamerun durch Teilnahme am Projekt in Bai Bikom zu absolvieren. Auch dieses soll den interkulturellen Austausch fördern, denn die Studierenden kommen dabei in direkten Kontakt mit den Bewohnern des Dorfes. Dabei wird es ihnen ermöglicht, neue Handlungen, Verhaltensweisen, Bräuche und Sitten in dem kamerunischen Dorf kennen zu lernen. Auch dieser studentische Austausch bringt sowohl für die Aufnahme- wie auch für die Herkunftsgesellschaft Vorteile. Dabei zeigt sich, dass Remittances nicht nur in monetärer Form sondern auch in Form von Humantransfers und Wissenstransfers erfolgen kann.

7.2.2.5 Projektplanung

Nach den Planungen des Hilfsvereins Baileke sind für die Umsetzung des Projekts etwa zwei Jahre vorgesehen (2012 - 2014). Acht Schulräume (davon 1 Büro des Schuldirektors und 1 Schulhalle), ein Fußballplatz, ein Handballplatz sowie ein Hühnerstall und eine Gartenanlage werden gebaut. Begonnen wurde im Jahr 2012 und soll in fünf Phasen ablaufen:

- Phase 1: Verteilung von Rucksäcken, Büchern und Schulmaterialien
- Phase 2: Sanierung der Sportanlage (Handball-, Fußball- und Volleyballplatz)
- Phase 3: Anlage von Hühnerstall und Garten
- Phase 4: Errichtung von 6 Klassenzimmern und 2 weiteren Räumen (Direktionszimmer und Mehrzweckraum)
- Phase 5: Abschluss und Feier

Abbildung 4 : Die Schule vor der Sanierung

(Vgl. Hilfsverein Baileke. Prokete: Schulprojekt Bai Bikom) Quelle: http://hiba.at/?page_id=22 *: Projekt*

Das gesamte Projekt soll den etwa 2000 Einwohnern in Bai Bikom zugutekommen. Das Projekt soll aber auch positive Auswirkungen auf die österreichische Gesellschaft haben, weil dadurch kulturelle Beziehung zwischen voneinander weit entfernten Kulturen geknüpft werden können.

8. Schlussfolgerung / Fazit

Migration hatte in der Geschichte und hat in der Gegenwart eine große Bedeutung. Die Formen von Migration haben sich in den letzten Jahrzehnten bzw. Jahrhunderten gewandelt. Schon immer haben Menschen den Drang verspürt ihre Heimat zu verlassen und sich nach Neuem umzusehen. Meist aber liegt der Wunsch nach einem besseren Leben dem Drang zur Migration zugrunde.

Vor allem in den letzten Jahrzehnten hat sich Migration in der Form gewandelt, dass MigrantInnen immer größerer Entfernungen aus sich nehmen können. Nicht selten kommt es dabei zu Wanderbewegungen von wirtschaftlich schwächeren Regionen in wirtschaftlich starke Gebiete. Meist jedoch sind es gerade gut ausgebildete Personen die – abgesehen von Flucht – das eigene Herkunftsland verlassen. Dieser Abgang an Wissen fehlt dann in diesem Land. Dieses Phänomen wird als "Brain-Drain" bezeichnet.

Die Abwanderung von gut ausgebildeten Bewohnern eines Landes hat aber für das Land nicht nur negative Folgen. Da vor allem gut ausgebildete Personen in wirtschaftlich starken Regionen erfolgreich sein können und dort eine Vielfaches dessen verdienen könne, was in ihrem Heimatland möglich wäre, kommt die Auswanderungen dieser Personen dem Herkunftsland zugute. Diese Personen sind es, die einen Teil ihres in den Industrieländern verdienten Geldes wieder zurück in ihr Ursprungsland an ihre Familie oder Verwandtschaft überweisen. Diese Personen sind es aber auch, die einen Teil ihres im Auswanderungsland erworbenen Wissens wieder zurück tragen in ihr Herkunftsland "Brain-Gain". Diese Wissenszirkulation füllt die Lücke, die durch die Abwanderung der gut gebildeten Person entstanden ist, teilweise oder gänzlich wieder auf, denn die im Ausland lebenden Personen senden Geld in ihre Herkunftsgesellschaft zurück und erteilen den Menschen dort häufig Anweisungen, wie sie das erhaltene Geld am Besten und am Effizientesten investieren können. Insbesondere das wirtschaftliche Wissen im Sinne von Zukunftsvorsorge und Ersparnissen ist Wissen, das vor allem in wirtschaftlich hoch entwickelten Staaten erlernt wird.

Migrantische Geldüberweisungen erfüllen aber nicht nur den vordergründigen Zweck, einer mittellosen Familie zu helfen, sie tragen auch wesentlich zur Entwicklung in unter-entwickelten Regionen bei. Das Geld, das die Familien von den MigrantInnen erhalten, wird meist in Gesundheit-, Bildung-, Altersvorsorge, Konsumgüter oä investiert. In wirtschaftlich unterentwickelten Gebieten bleiben für diese Bereich kaum Gelder übrig, denn diese werden für das tägliche Überleben aufgewendet. Staatliche Unterstützungen im Sinne eines Wohlfahrtsstaates sind in vielen der Auswanderungsländer nicht vorhanden. Migrantische Überweisungen sind es daher, die geeignet sind, soziale Ungerechtigkeiten zum Teil auszugleichen bzw. für einen nicht präsenten Staat „einzuspringen".

Die Vorteile von migrantischen Remittances sind aber nicht nur im Herkunftsland spürbar, auch die Aufnahmegesellschaft profitiert von den Geldtransfers. Zunächst sind es die Transfers an sich, bei denen die, in den Industriestaaten angesiedelten Transferdienstleister Geld verdienen. Weiters kommt es durch migrantische Rücküberweisungen zu einem vermehrten Konsum in Regionen, denen es ohne migrantische Remittances nicht möglich wäre, ausländische Konsumgüter zu beziehen. Dieser vermehrte Konsum in den Entwicklungsländern hingegen wirkt sich wiederum positiv auf die Aufnahmegesellschaften aus, weil die Konsumartikel hauptsächlich aus diesen Ländern stammen.

Als letzter und wichtigster Vorteil von migrantischen Remittances ist der Geldfluss von Privatpersonen zu Privatpersonen ohne Einbeziehung des Staates. Zwar ist es diese Privatheit und Informalität, die ein Nachvollziehen der internationalen Geldtransfers fast unmöglich machen, weil vielfach schriftliche Aufzeichnungen nicht existieren und eine Gesamteinschätzung daher nahezu unmöglich ist, andererseits besteht dabei nicht die Gefahr, dass ausländische Überweisungen, die der Unterstützung von bedürftigen Menschen dienen sollen, in anderen – vielleicht auch kriminellen – Kanälen versickern. Zwar kann es dabei zu sozialen Ungerechtigkeiten bis hin zu Rivalitäten kommen, da es häufig ohnedies wohlhabendere Familien sind, die ihre Kinder in das Ausland zur Ausbildung oder zum Erwerb schicken. Dennoch ist mit migrantischen Rücküberweisungen mit einer hohen Wahrscheinlichkeit damit zu rechnen, dass das Geld tatsächlich am Bestimmungsort ankommt. Da migrantische Rücküberweisungen der Weltbank nach, vermutlich das Dreifache dessen ausmachen, was an staatlicher Entwicklungshilfe geleistet wird, stellt sich die Frage, ob es sich bei migrantischen Rücküberweisungen nicht doch um die effektivere und zielgerichtetere Entwicklungshilfe handelt. Gerade organisierte Migration beispielsweise in Form von Diaspora-Vereinen ist aufgrund der Vernetzung in der Lage beachtliche Veränderungen in den Herkunftsgesellschaften herbei zu führen.

Diaspora-Vereine oder ähnliche Vereinigungen sind es auch, die eine Verbesserung der gängigen Remittances-Praxen herbeiführen können. Da Menschen in der Diaspora beide Gesellschaften und Kulturen kennen, sind sie in der Lage die Situation vor Ort einzuschätzen und wissen daher am Besten, was in der jeweiligen Gesellschaft gerade fehlt. Anstatt mehr in die doch sehr bürokratische Entwicklungshilfe zu investieren, wäre es meiner Meinung nach von Vorteil vermehrt zwischen den staatlichen Institutionen, privaten Sponsoren und Diaspora-Organisationen zu kooperieren. Durch solche Kooperationen könnte nicht nur effektiv und unbürokratischer geholfen werden, es wäre auch vorteilhafter für die Erfassung der Daten der Geldströme sowie für die Evaluierung der umgesetzten Projekte. Durch den ständigen Kontakt der MigrantInnen in der Diaspora mit ihrer Herkunftsgesellschaft könnten die Überweisungen und Projekte über längere Zeitstrecken betreut und im Sinne von Nachhaltigkeit verfolgt werden. Auch die Kenntnisse der Diaspora-Organisationen über die Machtverhältnisse und die Nöte in den Herkunftsgesellschaften könnten dazu verwendet werden, effektiv und kostensparend sowie nachhaltig zu helfen.

Die Gründung des Vereins Baileke soll eine erste Initiative – aus Frankreich kennt man bereits mehrere solcher Kooperationen – in diese Richtung im Raum Linz in Verbindung mit Bai Bikom in Kamerun sein. Ich, als Vereinsobmann und Migrant kenne sowohl die (ober) österreichische als auch die kamerunische Gesellschaft sehr genau und kenne die Bedürfnisse und Nöte der Menschen in kamerunischen Dörfern. Weiters bin ich ständig mit den Menschen in Bai Baikom in Verbindung und kann mich daher vom Fortgang des Projekts sowie vom Einsatz der überwiesenen Mittel überzeugen.

9. Literaturverzeichnis

Buch, C./A., Kuckulenz (2004): Worker Remittances and Capital Flows to Developing Countries, Center for European Economics Research (ZEW) Discussion Paper Nr. 0431, Mannheim

Buch, C., A. Kuckulenz & M. Le Manchec (2002): Worker Remittances and Capital Flows, Kiel Working Paper Nr. 1130

Bhagwati, J.N. und Welfare-Theoretical Analyses of the Brain Drain. In: C. Rodriguez: Brain Drain and Taxation II: Theory and Empirical Analysis. Hrsg.: J. Bhagwati. Oxford 1976. S. 85-111.

Borjas, G.J.: Heaven's Door. Immigration Policy And The American Economy. Oxfordshire 1999.

Brown, R. (1977): "Estimating Remittance Functions for Pacific Island Migrants", World Development, Vol. 25(4), S. 613-626

Castle, Stephen (1993): Migration and Minorities in Europe. Perspectives for the 1990s – Eleven Hypothesis. In: Wrench/Solomos, S. 1

Castles, S. (2002): "Migration and Community formation under conditions of globalization", International Migration Review 36(4): S, 1158

Cornelius, W.A. und The Changing Profil of Mexican Migrant to the E.A. Marcelli: United States: New Evidence from California and Mexico. IZA Discussion Paper Nr. 220. Bonn 2000

Douglas, S. Massey et al, (1998): Worlds in Motion: International Migration at the end of the Millennium. Oxford University Press, Oxford, S. 1

Eisenstadt, Shmuel N. (1954): The Absorption of Immigrants. A comparative Study based mainly on the Jewish Community in Palestine and the State of Isreal. London, S. 1

El-Qorchi, M., S.M. Maimbo & J.F. Wilson (2002): The Hawala Informal Funds Transfer System: An Economics and Regulatory Analysis.

Galinski, D.: Brain Drain aus Entwicklungsländern. Theoretische grundlagen und entwicklungspolitische Konsequenzen. Frankfurt am Main 1986. (= Europäische Hochschulschriften, Reihe V, Bd. 700).

Heberle, Rudolf (1955): Theorie der Wanderung. Soziologische Betrachtungen. In: Schmollers Jahrbuch für Gesetzgebung, Verwaltung und Volkswirtschaft, 75, 1. Halbbd., S. 2

Hoddinott, J. (1994): A Model of Migration and Remittances Applied to Western Kenya, Oxford Economic Papers, No. 46, S. 459-476

Hoffmann, Novotny/Hans, Joachim (1970): Migration – ein Beitrag zu einer soziologischen Erklärung. Stuttgart

Hoffmann , Novotny/Hans, Joachim (1993): Weltmigration – eine soziologische Analyse. In: Kälin, Walter/Moser, Rupert (Hrsg.): Migrationen aus der Dritte Welt: Ursachen, Wirkungen, Handlungsmöglichkeiten. Bern/Stuttgart/Wien, S. 57-68

Hoffmann, Novotny/Hans, Joachim (1997): World Society and the Future of International Migration: A Theoretical Perspective. In: Ucarer, Emek M./Pauchala, Donald J. (Hrsg.): Immigration into nWestern Societies: Problemes and Policies. London/Washington, S. 95-117

Jakson, John A. (1969): Migration. Cambridge (sociological Studies; 2)

Kwok, V. und An Economic Model of the Brain Drain. In: The H. Leland: American Economic Review 72.1, 1982. S. 91-100.

Lowell, B.L./R.O. de la Garza (2002): The Development Role of Remittances in U.S. Latino Communities and in Latin American Countries, A Final Project Report, inter-American Dialogue.

Lukas, R.E.B./O, Stark (1985): „Motivation to Remit: Evidence from Botswana", Journal of Political Economy, Vol. 93(5), S. 901-918

Malik, S. K.: Brain Drain. New Delhi 1998.

Mayer, Ruth (2005): Diaspora: Eine kritische Begriffsbestimmung. Bielefeld, S. 8

Puri, S/T., Ritzema (1999): Migrant Worker Remittances, Mikro-Finance and the Informal Economy: Prospects and Issues, Working Paper No. 21, Social Finance Unit, International Labour Organisation, Geneva

Ratha, D. (2003): "Worker's Remittances: An Important and Stable Source of External Development Finance", Global Developing Finance 2003, World Bank, pp. 157-175

Stark, O. (1991): The Migration of Labour, Blackwell, Oxford and Cambridge, Mass

Straubhaar, Thomas (1988): On the Economics of International Labour Migration, Haupt, Bern Stuttgart

Straubhaar, Thomas/Florian P. Vadean (2006): „International Migrant Remittances and their Role in Development", In: OECD, Migration, Remittances and Development

Van Haar, Nikolas (2002): Sustainable Societies und strain: remittances as a form of transnational exchange in Sri Lanka and Ghana. In: Al-Ali, Nadje/Koser, Khalid (eds.): New Approaches to Migration? Transnational Communities and the Transformation of Home. London/New York: Routhledge, S. 221

Wagner, Michael (1989): Räumliche Mobilität im Lebensverlauf. Eine empirische Untersuchung sozialer Bedingungen der Migration. Stuttgart, S. 26

Anhang

Internetquellen

Ambrosius, Christian et al (2008): Geld Sendungen von Migranten – „Manna" für die wirtschaftliche Entwicklung? In: http://www.giga-hamburg.de/dl/download.phpd=/content/publikationen/pdf/gf_global_0810.pdf. Nr.:(10), S. 3

Esien, Eddy Brunos Home. Hilfsverein Baileke Website, http://hiba.at/

Uni-Protokolle: Diaspora, http://www.uni-protokolle.de/Lexikon/Diaspora.html Download: 23.08.2012

Home: http://hiba.at/: Downloaded 26.08.2012

Köhler, Wolfgang. Remittances als entwicklungspolitischer und wirtschaftlicher Faktor. In: http://www.alumniportal-deutschland.org/wirtschaft/internationale-zusammenarbeit/artikel/remittances-geldtransfer-migranten.html: Downloaded 26.08.2012

Ratha et all (2010): Outlook for Remittances Flows, In: Migration and Development Brief, 13: http://siteresources.worldbank.org/INTPROSPECTS/Resources/334934 1110315015165/MigrationAndDevelopmentBrief13.pdf. Downloaded 14.08.2012

Migration and Remittances Factbook 2011: http://siteresources.worldbank.org/INTPROSPECTS/Resources/334934-1199807908806/World.pdf Download: 05.07.2012

Philipp, Martin/Gottfried, Zuercher (2008). "Remittances and the Recessions Effect on International Migration". In: Managin Migration – A Global Challenge. PRB Population Bulletin publish. http://www.prb.org/Articles/2011/international-migration-recession-remittances.aspx: Downloaded 16.08.2012

Straubhaar, Thomas/Florian P. Vadean "2006): Migration, Remittances und Development, In: OECD Publishing. http://dx.doi.org/10.1787/9789264013896-3-en. Downloaded 14.08.2012

Zusammen-Österreich: Eddy Bruno Esien, Integrationsbotschafter: http://www.zusammen-oesterreich.at/integrationsbotschafter/detail/?tx_chilibmi_detailbotschafter%5Bbotschafter%5D=153&tx_chilibmi_headerbotschafter%5Bbotschafter%5D=153&cHash=a13c7e087e789ff5c7986005991e022e : Downloaded 26.08.2012

Tabellenübersicht

Tabelle 1: International Migrants, 2010

Tabelle 2: Zuwanderung nach Deutschland in den Jahren 1988-1996 (in Tausend);

Tabelle 3: Top 10 Emigration Countries of Tertiary-Education 2010

Tabelle 4: Emigration Rate of tertiary-educated population of South Asia 2010 (Top 5 Countries)

Tabelle 5: Emigration Rate of tertiary-educated population of South-Saharan Afrika 2010 (Top 10 Countries)

Tabelle 6 : Outlook for remittance flows to developing countries, 2011-12

Tabelle 7: Top 10 der Überweisungsempfänger im Jahr 2010 in Billionen

Tabelle 8: Top 10 der Überweisungsempfänger im Jahr 2009 in % BIP

Abbildungsübersicht

Abbildung 1: Geldüberweisungen verglichen mit privaten Geldflüssen

Abbildung 2: Verteilung und Freude der Kindern in Bai Bikom Kamerun

Abbildung 3: CBC Bai Bikom (Kamerun)

Abbildung 4: Die Schule vor der Sanierung

Abkürzungsverzeichnis

BIP – Bruttoinlandsprodukt

bsw – beispielsweise

et al – (lat) und andere

GDP – Gross domestic produkt (BIP)

IOM - International Organization for Migration

IMF – international monetary found

IWF – Internationaler Währungsfond

PRB – Population Reference Bureau

UN – Vereinte Nationen

US – United States

USD – Amerikanische Dollar

USSR – Union Sozialistischer Sowjet Republiken (ehemalige UdSSR)

uä – und ähnlichen

usw – und so weiter

Vgl - Vergleiche

Der Autor

Eddy Bruno Esien wurde 1974 in Kumba, Kamerun, geboren. Sein BA Studium der Soziologie an der Johaness Kepler Universität schloss der Autor erfolgreich ab. Bereits während des Studiums sammelte er umfassende praktische Erfahrungen in der sozialen Branche. Fasziniert von Interkulturalität, Remittances, Sozial Entrepreneurship, Sprache und Ethnizität, verbrachte der Autor mehr als 16 Jahren in Österreich und anderen Teilen der Welt, um die Besonderheiten verschiedener Länder kennenzulernen. Seine Tätigkeiten in unterschiedlichen sozialen Bereichen, wie z.B. ehrenamtliche Arbeit zur Integration von Botschaftern und Mentoren sowie als Gründer und Vereinsobmann des Hilfsverein Baileke - HIBA in Linz, Oberösterreich, motivierten ihn, sich mit der Thematik des Buches auseinanderzusetzen.